La ciudad de México
CENTRO HISTORICO

TELMEX®

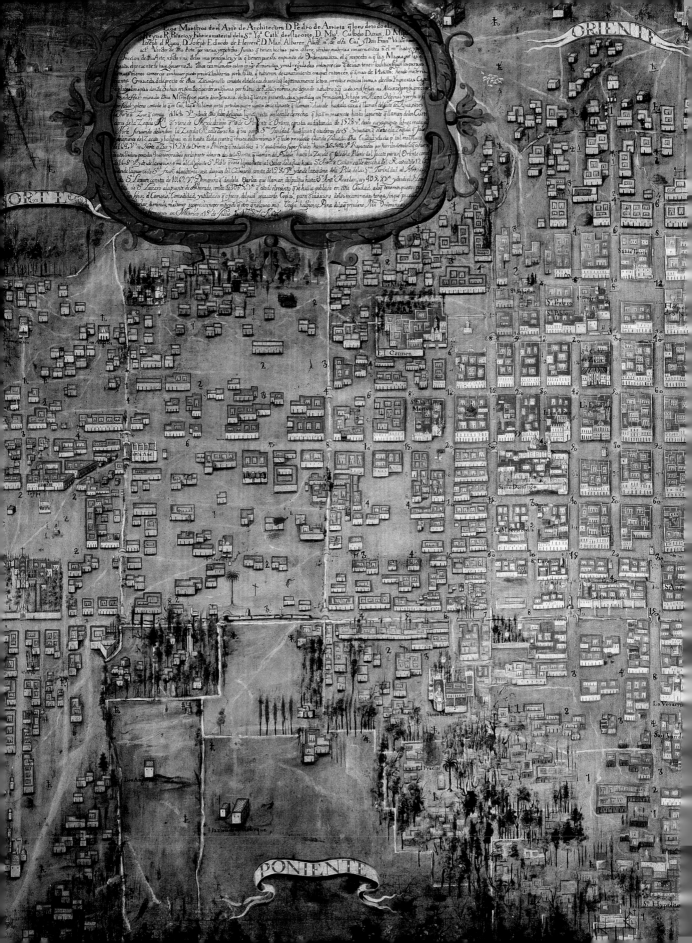

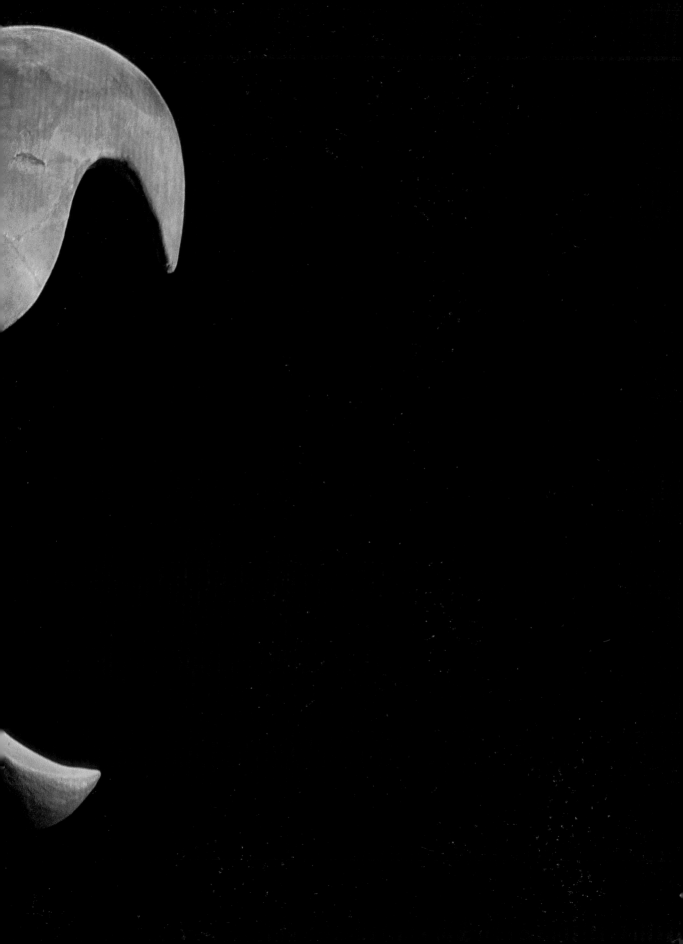

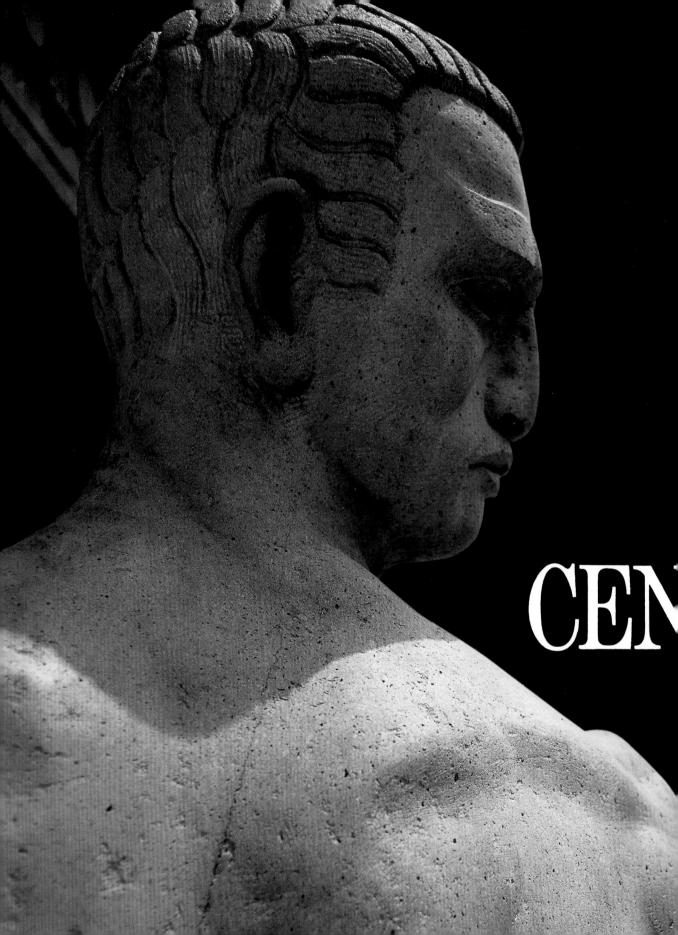

CEN

La ciudad de México
TRO HISTORICO

MEXICO

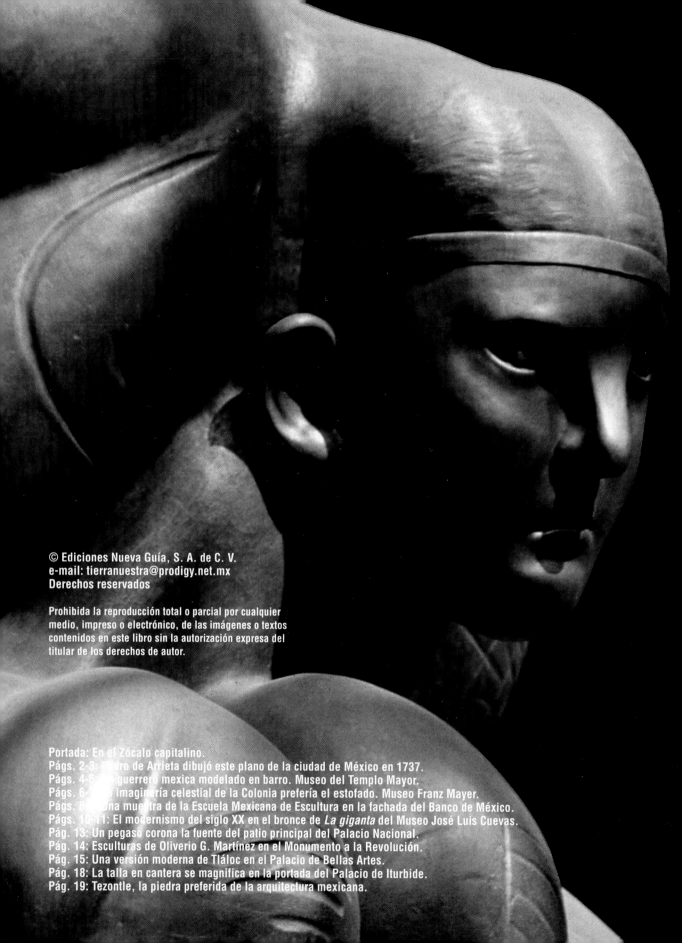

Portada: En el Zócalo capitalino.
Págs. 2-3: Pedro de Arrieta dibujó este plano de la ciudad de México en 1737.
Págs. 4-5: Un guerrero mexica modelado en barro. Museo del Templo Mayor.
Págs. 6-7: La imaginería celestial de la Colonia prefería el estofado. Museo Franz Mayer.
Págs. 8-9: Una muestra de la Escuela Mexicana de Escultura en la fachada del Banco de México.
Págs. 10-11: El modernismo del siglo XX en el bronce de *La giganta* del Museo José Luis Cuevas.
Pág. 13: Un pegaso corona la fuente del patio principal del Palacio Nacional.
Pág. 14: Esculturas de Oliverio G. Martínez en el Monumento a la Revolución.
Pág. 15: Una versión moderna de Tláloc en el Palacio de Bellas Artes.
Pág. 18: La talla en cantera se magnifica en la portada del Palacio de Iturbide.
Pág. 19: Tezontle, la piedra preferida de la arquitectura mexicana.

PRESENTACION

El viaje fue muy largo. Varias generaciones se sucedieron en el camino que los llevaría al sitio descrito por sus dioses. Reconocieron los signos en un islote de aquel inmenso lago rodeado por montañas. Fue difícil quedarse, pues en las cercanías había otra gente con la que hubo pactos, alianzas o guerras. Allí levantaron una ciudad perfectamente organizada y, con ella como centro, un imperio que terminaría en el quinto sol, tiempo suficiente para desarrollar una compleja cultura y sojuzgar a otros pueblos que vivían en tierras alejadas. El significado de las imágenes que relatan su historia –escritura sin letras, símbolos mágico religiosos– estuvo restringido a los sabios; ellos descifraron los terribles augurios que sucedieron antes de la llegada de unos hombres con extraña apariencia y venidos de un mundo desconocido.

Se habían cumplido los vaticinios que anunciaban el fin a manos de los recién llegados. Quizá más determinantes que sus simbólicas armas, o que el encono de los pueblos vecinos sometidos, fueron sus dioses los que decidieron su derrota. Los nuevos dueños hicieron levantar otra ciudad: se construyó con las mismas piedras de la que iban derruyendo y la levantaron las mismas manos que habían construido la anterior. Aun cuando se percibía la mezcla de las dos razas, en las nuevas casas se notaba la imposición de los triunfadores y una nueva religión.

La nueva ciudad resultó tan magnífica como la anterior.

Pero las ideas de los hombres impiden que sus obras permanezcan quietas. El rostro urbano se modificaba; cada generación a lo largo de tres centurias, cuatro, dejó su huella, ya en el sitio donde la anterior había hecho algo, ya en lugares que estuvieron vacíos. La isla se expandía y el lago iba desapareciendo para dejar paso a la constante expansión de tierra firme.

Aquí están los vestigios de algunas construcciones indígenas y están, sobre ellas, algunas de las primeras casas levantadas para los conquistadores; están las iglesias en las que se catequizó a los indios y están los palacios que habitaron los criollos y sus herederos mestizos; están los edificios en los que se dictaron las leyes y se administró justicia. Está, en fin, el trabajo de miles de manos que dejaron en piedra su concepción de la belleza y el testimonio de su tiempo.

Lo que vamos a ver ahora es lo que ha sucedido con aquella pequeña isla en medio de un lago y que ahora llamamos el Centro Histórico de la ciudad de México.

LA GRANDEZA MEXICANA

ientras el mundo exista no acabará la fama ni la gloria de México-Tenochtitlan". Estas palabras, tomadas de la *Crónica Mexicayotl*, resumen con ecos de poeta el entrañable respeto de una cultura por sus antepasados, al mismo tiempo que expresan el orgullo de un pueblo guerrero, sabedor de que sus dominios se extendían por una extensa geografía que alcanzaba los mares y recorría selvas y desiertos.

Heredera de aquella México-Tenochtitlan, la ciudad de México es hoy una de las más grandes del mundo. En sus mil 250 kilómetros cuadrados habitan alrededor de 15 millones de personas, de las cuales la mitad tiene menos de 20 años. Tal magnitud poblacional determina que todas sus cifras estadísticas padezcan gigantismo, y crezcan día con día, mes a mes, año con año: millones de pasajeros utilizan diariamente autobuses, minibuses o Metro; miles de toneladas de alimentos llegan cada día a la ciudad y se generan, también en miles, las toneladas de basura. Por los miles de kilómetros de calles y avenidas circulan, además de los transportes colectivos, millones de automóviles. El consumo de energía eléctrica se mide por millones de kilovatios por hora, y el de agua por millones de metros cúbicos al día. Museos, teatros, salas cinematográficas y galerías de arte se cuantifican en cientos, igual que los periódicos diarios y las publicaciones semanales o mensuales, aunque hay que volver a los miles si se trata de cantinas, bares y restaurantes.

Esta megalópolis, pues, es la legítima heredera de aquella gran México-Tenochtitlán construida sobre los cimientos de un mito fundador. Cuentan los códices —libros de escritura pictórica— que la gran migración del pueblo mexica se inicia en la región de Aztlán, lugar que hasta nuestros días continúa envuelto en el misterio, pues ni su nombre tiene un significado preciso —a pesar de que muchos aseguran que sería "el lugar de las garzas"— ni hay un glifo que la represente de manera única en los códices, ni ha podido averiguarse hasta la fecha en qué zona de la geografía se ubica, aunque todo parece indicar que se trata de un punto en el Norte, en donde se inició la gran migración hacia el Sur. De Aztlán salen los aztecas por mandato de su dios Huitzilopochtli, el Señor de la Guerra, quien les anuncia que habrán de encontrar un lugar en donde deberán establecerse. Reconocerán el sitio elegido por un conjunto de señales.

La profecía se cumple cuando en el Valle de México, los sacerdotes miran con asombro la blancura, que según el mito caracterizaba a Aztlán, reproducida, como en un espejo, en la reunión de los signos anunciados: el ahuehuete blanco, el sauce blanco, la caña y el junco blancos, la rana y el pez blancos, y la culebra blanca del agua. "En cuanto vieron eso —cuenta Tezozómoc en su *Crónica Mexicayotl*— lloraron al punto los ancianos, y dijeron 'De manera que aquí es donde será, puesto que vimos lo que nos dijo y ordenó Huitzilopochtli'". Erigen entonces un pequeño adoratorio al Dios de la Guerra, sabiendo que ahí habrá de cumplirse el augurio. Esta parte del mito, que el investigador Eduardo Matos juzga proveniente de una cultura prehispánica más antigua, la de los toltecas, sirve de preámbulo a la más conocida: Al día siguiente, los ancianos encuentran, como lo había vaticinado Huitzilopochtli, un islote con un nopal (un tenochtli) sobre el que un águila "se despliega y come". Aquí el mito se bifurca en distintas versiones, pues para unos el ave se alimenta de pájaros, mientras para otros devora una serpiente. En el Manuscrito Tovar, obra gemela del Códice Ramírez, Huitzilopochtli ordena: id allá por la mañana "que allí hallaréis la hermosa águila sobre el tunal y alrededor de él veréis mucha cantidad de plumas verdes, azules, coloradas, amarillas y blancas, de los galanos pájaros con que esa águila se sustenta, y este lugar, donde hallaréis el tunal con el águila encima, le pongo por nombre Tenochtitlan". Hallaron la piedra y el nopal, dice por su lado Tezozomoc, "y al pie de él un hormiguero, y estaba encima del tunal una águila comiendo y despedazando una culebra". Quizá por el carácter simbólico que la serpiente tiene en la cultura mexica, fue esta versión la que prevaleció. Hoy, el escudo nacional es el águila devorando una serpiente y esa imagen forma parte esencial de la identidad de los mexicanos hasta nuestros días.

México-Tenochtitlan se transformó en el corto plazo que va de 1325, año probable de su fundación, hasta la caída en manos de los conquistadores españoles el 13 de agosto de 1521, en la cabeza de un vasto dominio que convirtió en tributarios de los mexicas a más de 300 pueblos prehispánicos. El centralismo, que descubre así sus raíces ancestrales, prevalecerá durante el recorrer de los siglos, de manera que la ciudad de México resume en sí misma la historia del país. Esa historia puede dividirse en tres grandes periodos: el que abarca desde el establecimiento de las primeras culturas hasta 1521, el que comprende los tres siglos del dominio colonial y el que se inicia con la consumación de la Independencia en 1821 y se extiende hasta nuestros días. A su vez, la historia del México independiente es jalonada por tres grandes revoluciones: la de la Independencia, iniciada por Hidalgo y Morelos en 1810, que funda la nación soberana al dar término a la situación colonial; la de la Reforma, protagonizada por Benito Juárez y una pléyade de ideólogos liberales que batallan contra el poder inmenso de la Iglesia, fundan el Estado moderno y recuperan la Nación de manos de los conservadores, quienes, aliados con la invasión francesa, pretendieron establecer el imperio de Maximiliano de Habsburgo, y, finalmente, el cataclismo de la Revolución Mexicana que estalla en 1910 y es encabezada primero por Francisco I. Madero y después por Venustiano Carranza, Francisco Villa y Emiliano Zapata, quienes al frente de ejércitos de campesinos transforman la propiedad de la tierra y rompen las trabas para el desarrollo económico y social de la Nación. La ciudad de México mostrará así la impronta de un rico pasado indígena, de una larga etapa colonial y de un México independiente construido a través de tres grandes movimientos sociales.

UNA FAZ CAMBIANTE

bservando con atención el centro de la ciudad de México es posible diferenciar, por las construcciones dominantes, el desarrollo urbano correspondiente a diversas etapas. La riqueza arquitectónica del Centro Histórico es tal, que hay tantas opciones para visitarlo como las épocas, los estilos y los materiales que se mezclan inevitablemente en sus edificaciones. Se podría trazar una ruta para admirar las construcciones que sobreviven de los siglos XVII y XVIII, o bien, se podría escoger una dedicada a los edificios decimonónicos. Otra opción podría ser exclusiva para conocer museos, o bien para visitar las grandes obras que nos legó la Escuela Mexicana de Pintura en los viejos muros coloniales.

Nosotros preferimos recorrer calles y plazas, detenernos para visitar interiores valiosos, y dejar de largo lo menos posible. El primer paseo visita los cuatro puntos cardinales de la Plaza de la Constitución; en cada uno de ellos están los edificios más antiguos de la ciudad y donde se resume toda la historia del país. El segundo, Armonía Neoclásica, se dirige hacia el noreste con los puntos culminantes de Santa Teresa la Antigua y la Academia de San Carlos. En el tercer recorrido, Festín Barroco, vamos hacia el norte, para ver la segunda plaza de América y los edificios circundantes. La cuarta ruta, el Elegante Paseo de las Damas, avanza hacia el oeste, donde, mezclada con algunas construcciones coloniales, predominan las de finales del siglo XIX y llega más allá de la Plaza Tolsá con los imponentes Palacios de Minería y Comunicaciones. Ahora, en la quinta ruta, Abanico de Estilos, nos dirigimos hacia lo que fueron las afueras de la ciudad colonial y que se urbanizó a fines del siglo XIX con la consecuente mezcla de estilos. En Lujo Novohispano, el sexto y último recorrido, veremos edificios perfectamente restaurados y otros con evidente deterioro, pero que en suma dan idea del fausto de las mansiones novohispanas construidas a espaldas del Portal de Mercaderes.

El paulatino avance de la restauración que se realiza en las cuatrocientas manzanas que se consideran dentro del Centro Histórico, nos permite descubrir nuevas sorpresas entre toda la riqueza que encierra el núcleo central de la ciudad de México.

EL ZÓCALO, SÍNTESIS DEL PAÍS

1. Plaza de la Constitución
2. Palacio Nacional
3. Templo Mayor
4. Catedral Metropolitana
5. Casas de Hernán Cortés
   (Nacional Monte de Piedad)
6. Antiguo Centro Mercantil
   (Gran Hotel de la Ciudad de México)
7. Antiguo Ayuntamiento
8. Departamento del Distrito Federal
9. Suprema Corte de Justicia

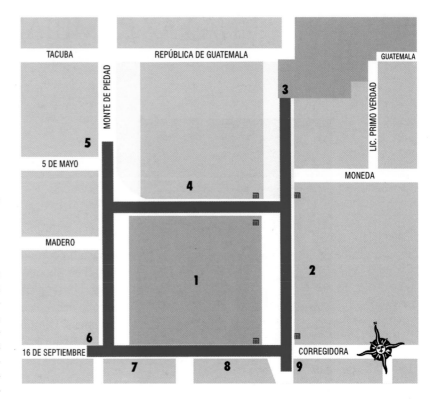

Si la ciudad de México es el corazón del país, la Plaza de la Constitución resume, como en una apretada síntesis arquitectónica, la historia nacional. Lo mejor es, entonces, iniciar nuestro recorrido por la "Ciudad de los Palacios" precisamente en esta escenográfica plaza donde tendremos ocasión de contemplar tres aspectos fundamentales de la cultura y la historia de México: El Templo Mayor, centro solar de la sociedad prehispánica; la Catedral, máxima expresión de la religiosidad de la Nueva España, y el Palacio Nacional, sede del poder civil hasta nuestro días.

Plaza de la Constitución
Centro Histórico
Tiempo de recorrido: 7 minutos

La Plaza de la Constitución, llamada previamente Plaza de Armas y aún antes Plaza Mayor, no debe su nombre a ninguna de las constituciones que han regido la vida política y social del México independiente, sino a la Constitución de Cádiz, firmada en España en 1812. El nombre popular, sin embargo, sigue siendo *El Zócalo*, porque ahí se proyectó erigir una columna a la Independencia de la cual sólo se construyó el basamento o zócalo, de lo que se derivó la curiosa costumbre lingüística mexicana de nombrar también zócalo a las plazas centrales de cualquier ciudad.

Cuando los españoles llegan a México-Tenochtitlan, ante sus maravillados ojos se despliega una ciudad acuática, asentada sobre el lado sur del lago de Texcoco y cuyo centro está formado por dos islotes, Tlatelolco y Tenochtitlan. La ciudad ocupaba alrededor de 13 kilómetros cuadrados y estaba dividida en cuatro barrios o calpullis, separados por calzadas, y con el Templo Mayor situado precisamente en el centro. Muy cercanas al centro ceremonial se encontraban las llamadas Casas Nuevas de Moctezuma II, el *Tlatoani* o Señor, que gobernaba México a la llegada de los españoles, y un poco más allá las Casas Viejas de Moctezuma. Alrededor de este centro se ubicaban las viviendas, alineadas en línea recta, a las que se tenía acceso por calles de tierra y por canales donde circulaban canoas. En las orillas, podían verse las *chinampas*, "primaveras errantes", original forma de agricultura, realizada en armazones flotantes tejidos con hierbas y sobre los que se colocaba tierra para cultivar alimentos y flores.

Vencidos los mexicanos el 13 de agosto de 1521 y consumada así la conquista, el capitán español, Hernán Cortés, decide que la ciudad colonial deberá establecerse precisamente sobre las ruinas de la ciudad mexica, y ordena a Alonso García Bravo hacer la traza de la nueva urbe, que sería la capital de la Nueva España.

Y con esa misma visión de político avezado, que erige la catedral sobre los templos indígenas, Hernán Cortés decide conservar para sí lo que eran las Casas Nuevas y las Casas Viejas de Moctezuma. Sobre las primeras habrá de levantarse tiempo después, –cuando la Corona española compra, en 1562, el predio a Martín Cortés, el hijo del capitán español– el Palacio Virreinal que hoy, transformado en numerosas ocasiones, es el Palacio Nacional, sede todavía del Poder Ejecutivo de la Nación.

Ante la mirada de los espectadores, cada día, se iza y se arría la enorme bandera en la Plaza de la Constitución

Páginas siguientes: se comprende que la ciudad mexica, habitada por alrededor de 80 mil personas, haya sorprendido a los españoles, pues en Sevilla, la mayor de sus ciudades, apenas había 45 mil habitantes.

Palacio Nacional
Plaza de la Constitución
Tiempo de recorrido: 25 minutos
Horario: Diario de 9 a 17 horas

Desde la Plaza miremos, pues, hacia el Palacio Nacional, y podrá observarse la magnitud del edificio que, en su sobriedad, otorga armonía al conjunto, con su fachada en la que destaca el rojo tezontle. Visto así de frente, sobresalen los torreones en los extremos, y las tres puertas, que corresponden a tres áreas del Palacio. La de

El Palacio Nacional siempre ha sido sede del poder en México. En esta foto se capta la zona destinada a las oficinas del presidente de la República.

Enfrente: la Corona española argumentó, entre sus razones para comprar el edificio cortesiano donde se construiría el Palacio Virreinal, que sus bajos podrían alquilarse para tiendas o casas y "de ello sacar razonable provecho". Aquí, la puerta principal.

la derecha o Sur conduce al Patio de Honor y a las oficinas de la Presidencia de la República. A esta ala no tiene acceso el público. La de la izquierda, se llama Puerta Mariana, en honor del presidente Mariano Arista, quien mandó construirla en 1850, después de tapiar la del reclusorio que substituyó a la Cárcel de Corte, con sus correspondientes salas de justicia y aun de tortura, cuyo espacio hoy es ocupado por la Secretaría de Hacienda.

Sobre la puerta central se ubica el balcón desde el cual, cada 15 de septiembre a las once de la noche, el presidente encabeza la ceremonia del Grito que rememora el inicio de la Independencia por el cura Hidalgo, cuando en el pueblo de Dolores, Guanajuato, llamó a la rebelión tañendo la campana que hoy se encuentra sobre el balcón presidencial, acto que desde entonces se conoce como el Grito de Dolores. En el frontón que corona la hornacina en la que se encuentra la campana, las esculturas que flanquean el escudo nacional, de un caballero águila y un caballero es-

pañol, obra de Manuel Centurión (1883-1952), simbolizan la síntesis de la cultura mexicana.

El Palacio ha experimentado un sinnúmero de transformaciones. Los primeros arquitectos, cuando todavía era casa de Cortés, fueron Rodrigo de Pontocillos y Juan Rodríguez. Después, el Palacio es incendiado por los partidarios del arzobispo, a raíz de un pleito con el virrey en 1624. A causa de una hambruna y de los malos tratos de las autoridades, en 1628 es destruido casi hasta sus cimientos por una multitud enardecida y la reconstrucción se encargó a fray Diego Valverde. Perdió entonces, subraya Manuel Rivera Cambas (1840-1917), el aspecto de fortaleza que le daban la artillería colocada en las torres de los ángulos y las troneras para fusilería.

La siguiente transformación mayor es la realizada de 1926 a 1929, cuando se le añade un tercer piso, a propuesta del ingeniero Alberto J. Pani, entonces secretario de Hacienda, y bajo la dirección del arquitecto Augusto Petriccioli.

Además de la corte virreinal, el Palacio alojó a los titulares de tres imperios efímeros, Agustín de Iturbide, Antonio López de Santa Anna y Maximiliano de Habsburgo. El primer republicano que vivió entre sus muros fue el también primer presidente de México, Guadalupe Victoria, y el último que lo habitó, Manuel González, presidente de 1880 a 1884. Entre los huéspedes notables del Palacio hay que mencionar a sor Juana Inés de la Cruz, a Mateo Alemán, el célebre autor de la *Vida del pícaro Guzmán de Alfarache*, y a fray Servando Teresa de Mier, quien no sólo vivió, sino murió en Palacio, después de invitar personalmente a sus amigos a la ceremonia de su extremaunción. Asiduos visitantes del Palacio fueron el científico Alejandro de Humboldt y el libertador Simón Bolívar durante sus respectivas estancias en México.

Entremos, pues, a Palacio por la puerta central, que es la más antigua, para poder observar el señorial patio circundado de arcos de un barroco moderado. En el cubo de la escalera, que no ha experimentado modificaciones, con excepción de la balaustrada, pueden admirarse los magníficos murales de Diego Rivera, uno de los Tres Grandes de la Escuela Mexicana de Pintura, realizados, de manera intermitente, entre 1929 y 1935.

Titulada en conjunto *Epopeya del pueblo mexicano*, la obra se divide, a la manera de un tríptico, en tres espacios definidos por la arquitectura del edificio, y a los que Diego otorgó autonomía. En el muro de la derecha o norte, *México prehispánico*, donde la figura central es la representación de Quetzalcóatl, Dios del Viento y de la Vida, Estrella de la Mañana y de la Noche, quien lleva en su mano el cetro de las siete constelaciones. Sobre él, dos representaciones más del mismo Quetzalcóatl, a la derecha durante su partida, después de caer en la embriaguez seducido por Tezcatlipoca, el Cielo Nocturno; a la izquierda, sobre un volcán en erupción, bajo la forma de serpiente emplumada.

En el muro del fondo o poniente, titulado *Historia de México*, se despliegan los momentos claves desde 1521

Detalle de uno de los páneles de Diego Rivera con refinados totonacos, cuya vestimenta deslumbró a fray Bernardino de Sahagún.

Páginas anteriores: hay que advertir que mientras el muro central de Rivera se atiene estrictamente a los hechos, los del norte y el sur dejan entrar el mito y la utopía.

Enfrente: con precisión arqueológica y visión estetizante, plasma Rivera el mercado azteca.

hasta 1930, y pueden distinguirse varios planos. En una especie de rombo central, aparece la Conquista y el signo dominante es la violencia, a la que Rivera impregna de dramatismo al otorgarle, como en un relato cinematográfico, un gran movimiento a las escenas. Sobre este plano, la conquista espiritual se muestra con sus aspectos positivos en el lado derecho: los frailes defensores de los indígenas; los aspectos negativos aparecen a la izquierda: la quema de los códices, la Inquisición y sus jerarcas. En los dos extremos de este plano el sentido se invierte, pues del lado derecho tenemos la destrucción de los templos indígenas y del lado izquierdo la construcción de los edificios coloniales.

El plano superior del mural se divide a su vez en los cinco arcos que lo forman. Los dos de los extremos están dedicados a dos invasiones extranjeras: el de la derecha, a la estadounidense; el de la izquierda, a la francesa, que apoyó el breve imperio de Maximiliano de Habsburgo. Entre ellos se establece un paralelismo plástico, al colocar los grupos y la fusilería en sentido inverso y coronarlos con un águila cuya diferente acción –de extender las garras o alejarse hacia el exterior– da cuenta del distinto desenlace: derrota en el primer caso y triunfo en el segundo para los mexicanos.

De los tres arcos restantes, el del centro se dedica predominantemente a la Independencia, aunque en su parte superior incluye personajes del siglo XX, el de la derecha a la Reforma y el de la izquierda a la Revolución. Desde el punto de vista plástico, no puede dejar de destacarse el virtuosismo del retratista, afirmado en más de cien rostros reconocibles de la historia de México.

En *México de hoy y de mañana*, correspondiente al muro sur y al extremo izquierdo de este gran tríptico, Diego Rivera combina la crítica radical al orden establecido con la utopía del futuro encarnada en la figura de Carlos Marx. En el interior de un aparato integrado por tubos intercomunicados, el artista encuadra a los representantes de las clases dominantes; para personificar al capitalismo, Rivera eligió el rostro de Plutarco Elías Calles, presidente de México de 1924 a 1928. En el cuadro colocado a la izquierda y un poco más arriba del anterior, para simbolizar el poder del dinero, Diego retrató a John D. Rockefeller Jr. Es útil recordar que en 1933 el mural de Rivera pintado en el Rockefeller Center de Nueva York había sido destruido por incluir un retrato de Lenin. Junto al integrante de la dinastía bancaria estadounidense, Rivera colocó a Harry Sinclair, William Durant, J.P. Morgan, Cornelius Vanderbilt y Andrew Mellon, personajes del mundo financiero de los Estados Unidos. Las maestras que aparecen en la parte inferior corresponden a Cristina y Frida Kahlo; ésta última fue dos veces esposa de Rivera y una de las artistas más notables de la plástica mexicana.

Dando vuelta por el corredor del primer piso, pueden observarse los once páneles que pintó Diego entre 1941 y 1952. El tercero, más largo, después de las grisallas que flanquean la puerta, se titula, usando la palabra indígena que designa al mercado, *El tianguis de Tlatelolco*. En él, destaca el retrato de Frida Kahlo, quien, con un gran ramo de alcatraces blancos que asoman detrás de la cabeza, aparece bajo la figura de la "alegradora", mujer que identificada por los misioneros españoles como prostituta, cumplía en realidad funciones de concubina de los guerreros jóvenes.

Dando vuelta al final del corredor hacia la derecha, ya sobre el muro oriente, está el mural que recibe dos nombres: *La Colonización* o *Llegada de Hernán Cortés a Veracruz*. Ahí resalta la figura de Cortés, cuya deformidad, en la que Diego quiso mostrar los estragos de la sífilis que trajeron los conquistadores, ocasionó en su momento una tormenta de insultos lanzada por los hispanófilos.

Siguiendo por el mismo corredor se encuentra, donde estuvo el Salón de las Comedias de los virreyes, el llamado Recinto Parlamentario, que es una reconstrucción de lo que fuera la Cámara de Diputados, que se instaló en Palacio Nacional desde 1829 hasta el 22 de agosto de 1872, cuando un incendio accidental consumió la sala.

Descendiendo por la misma escalera monumental y atravesando el patio mayor hacia el lado norte, ocupado por la Secretaría de Hacienda, puede observarse el Salón de la Tesorería, obra de los arquitectos Manuel Ortiz Monasterio y Vicente Mendiola. La puerta de hierro y bronce fue diseñada por el arquitecto Petriccioli.

Siguiendo por el mismo pasillo se llega a la llamada escalera de la emperatriz, considerada una de las obras más hermosas de Palacio, construida por los hermanos Juan y Ramón Agea, quienes, para responder a la desconfianza de que pudiera derrumbarse, "hicieron bajar por ella a paso de carga a todo un batallón mientras que ellos permanecían debajo".

Continuando por el corredor se puede ver la estatua de Juárez en el cruce hacia el patio llamado precisamente de Hacienda. La escultura, de Miguel Noreña (1843-1894), fue criticada porque, al contrario de las normas de etiqueta de las que era respetuoso el Benemérito, Juárez aparece sentado sobre los faldones de la levita.

Desde el patio puede accederse al Recinto de Benito Juárez, ubicado en donde estuvieron sus habitaciones durante su última presidencia y donde murió el 18 de julio de 1872. En el interior, se conservan la recámara, la sala y el estudio, con numerosos objetos personales.

Los arcos del patio principal, en formación militar.

Enfrente, arriba, la escultura de Benito Juárez, obra de Manuel Noreña; abajo, la escalera de la emperatriz y la elegante arquería del llamado Patio de Hacienda.

Templo Mayor

Plaza de la Constitución
Tiempo de recorrido: 25 minutos
Horario: Martes a domingo de 9 a 17 hs.

Saliendo nuevamente a la Plaza de la Constitución por la Puerta Mariana, caminando hacia la derecha se encuentra la casa ubicada en el número 8 de la calle de Seminario que es la entrada al Templo Mayor.

Antes de iniciar nuestro recorrido, es necesario aclarar que lo que verá el visitante, no es el Templo Mayor que conocieron los conquistadores al llegar a Tenochtitlan. Por las descripciones de los cronistas se sabe que el recinto sagrado medía alrededor de 500 metros de largo por cada costado y en su interior existían 78 edificios. El Gran Teocalli, cuya apariencia ha sido reproducida en la maqueta lacustre que encontramos en nuestro camino, así como en otra que nos espera en el interior del museo, fue arrasado hasta sus cimientos. Lo que sucede es que los aztecas, mexicas o

tenochcas, pues estos tres nombres son válidos para designar a los creadores de Tenochtitlan, acostumbraban, como otros pueblos mesoamericanos, cubrir el templo con piedra y lodo, y sobre él asentar la nueva construcción. En el caso del Templo Mayor, se sabe que se agrandó por sus cuatro costados por lo menos siete veces. Al realizarse las excavaciones, los arqueólogos pusieron al descubierto estas sucesivas ampliaciones y las identificaron como etapas constructivas, de las que dan noticias en las cédulas informativas.

En nuestro recorrido hemos de seguir los corredores de metal y las huellas de pies descalzos que, a la manera de los códices, que utilizaban este mismo símbolo para indicar el orden de lectura, nos van guiando en el recinto ceremonial.

El Gran Teocalli, edificado en el centro de Tenochtitlan, precisamente donde los sacerdotes vieron cumplido el presagio del águila devorando a la serpiente, está dedicado a dos

dioses: Tláloc, el Dios del Agua, y Huitzilopochtli, el Señor de la Guerra.

Los arqueólogos han planteado la hipótesis de que la elección de los dos dioses, entre los muchos que integraban el mundo religioso de los mexicas, se vincula con el momento histórico que, desde el punto de vista de la producción, atravesaba el pueblo azteca, cuya economía se sustentaba en la agricultura, de ahí la presencia de Tláloc, Dios del Agua, y en los tribu-

Miles de visitantes han acudido a visitar las excavaciones que dejaron al descubierto los restos del Templo Mayor. Al centro se observa una réplica de Coyolxahuqui, en el justo sitio donde fue encontrada la original.

Página opuesta, arriba: la imagen muestra dos etapas constructivas; los originales de estas figuras pueden verse en el museo de sitio. Abajo, el culto a la muerte en la religión azteca tiene una de sus representaciones más impactantes en la muralla de cráneos del altar tzompantli.

tos impuestos a otros grupos, hecho que explica la adoración del Dios de la Guerra, Huitzilopochtli.

El templo, además, se ha interpretado como una forma de representación de la cosmovisión de los mexicas. Para ellos, el universo estaba dividido en tres niveles. El primero, ocupado por los trece cielos; el segundo, correspondía al espacio terrestre, de donde parten los cuatro puntos cardinales; el tercero es el mundo de los muertos y está formado por los nueve pasos que culminan en Mictlan. Así, al nivel terrestre corresponde la plataforma o basamento del templo que es el ombligo o centro del mundo y del cual parten las divisiones de la ciudad en barrios. Al nivel celestial corresponden los cuerpos de los edificios y el cielo décimotercero, en particular, el Omeyocan –el lugar donde reside la dualidad– estaría representado por los dos adoratorios de los dioses. Al nivel del inframundo se llega, según la tradición azteca, a través de dos cerros que chocan entre sí. En este caso, el adoratorio de Tláloc representa al Tonacatepetl o Cerro de los Mantenimientos, y el de Huitzilopochtli al Coatepec o Cerro de las Serpientes. Al final del camino entre los dos templos se encuentra el altar tzompantli, con más de 240 cráneos de piedra recubierta de estuco, que representa el Mictlampa o Lugar de los Muertos.

Además de simbolizar la cosmovisión azteca, el Templo Mayor y en particular el lado sur dedicado a Huitzilopochtli, representa la batalla entre el Dios de la Guerra y su herma-

La cabeza de un soldado del Sol emerge entre el pico aquilino de su simbólica armadura.

Enfrente: los personajes que se llaman Chac-Mool por el lugar donde fue encontrado el primero, se consideran mensajeros de los dioses y la vasija que sostienen se empleaba para las ofrendas. Abajo, el pequeño friso de la banqueta del recinto de los Caballeros Aguila muestra, en su forma ondulada, una serpiente en movimiento.

na, la diosa Coyolxauhqui. Cuenta el mito que un día la Coatlicue, la madre Tierra, la de la Falda de Serpientes, estaba barriendo en el cerro de Coatepec, cuando encontró una pelotilla de pluma y se la guardó en el seno, con lo cual quedó embarazada. Al enterarse sus hijos, los indios centzonhuitznahua, se enojaron y se preguntaban quién había cometido la infamia y los había avergonzado. Arengados por su hermana, Coyolxauhqui, deciden matar a Coatlicue, quien sólo calma su temor, cuando su hijo Huitzilopochtli, aún en sus entrañas, la consuela asegurándole que él sabe qué hacer. Uno de los indios, llamado Quauitlicac, después de escuchar lo que decían sus compañeros, iba y se lo contaba a Huitzilopochtli, y así el día que los centzonhuitznahua se aproximan, llevando al frente a Coyolxauhqui, para matar a Coatlicue, Quauitlicac le va diciendo en dónde se encuentran, hasta que al llegar los indios nace Huitzilopochtli, quien armado con una culebra hecha de teas, mata a Coyolxauhqui y la despeña, quedando la diosa desmembrada al pie del cerro Coatepec, de donde Huitzilopochtli expulsa, matando a la mayoría, a los centzonhuitznahua.

Esta batalla, vinculada a la lucha entre el Sol y la Luna, y que también ha sido interpretada como el paso del

matriarcado, es decir del dominio de la mujer, al patriarcado o dominio del hombre, está representada en el Templo Mayor por el hecho de que Huitzilopochtli, el vencedor, se encuentra en lo alto, mientras Coyolxauhqui yace desmembrada al pie del cerro Coatepec, simbolizado por la presencia de numerosas serpientes de piedra. El mito, ya en las ceremonias rituales, se revivía al sacrificar en lo alto a prisioneros de guerra que después eran arrojados hacia abajo para caer sobre la piedra de Coyolxauhqui donde también se desmembraban.

Al iniciar el recorrido es necesario aclarar que tanto las cuatro esculturas que se encuentran recargadas sobre uno de los muros, como la piedra de la Coyolxauhqui que se encuentra en el exterior, son reproducciones, pues los originales se encuentran en el museo de sitio. También, que el muro de ladrillo sobre el que se asienta el corredor corresponde a un colector construido en 1900.

Ya en el corredor del lado poniente, es decir el paralelo a Catedral, pueden observarse dos grandes cabezas de serpiente, y un poco más allá un altarcillo con dos ranas, figuras asociadas al Dios del Agua o de la Lluvia, una serpiente con el cuerpo ondulante y otras cabezas de serpiente que adornan la plataforma.

En el segundo corredor paralelo al anterior, se encuentran los dos adoratorios, el de Huitzilopochtli a la derecha y el de Tláloc a la izquierda. En el correspondiente al Dios de la Guerra, se conserva aún la piedra de los sacrificios que, a diferencia de la piedra del sacrificio gladiatorio esculpida con gran arte, consiste en una piedra de tezontle encajada en el piso, sobre la que se colocaba al prisionero con la espalda arqueada hacia atrás. Al fondo, puede distinguirse una banqueta con un altarcillo elevado en su parte media, destinado a Huitzilopochtli.

En el lado de Tláloc, está un Chacmool, es decir, la figura de un hombre recostado con las piernas dobladas, que todavía conserva restos de policromía. Debajo de este Chac-mool fue encontrado otro con la particularidad de tener la boca torcida y la na-

35

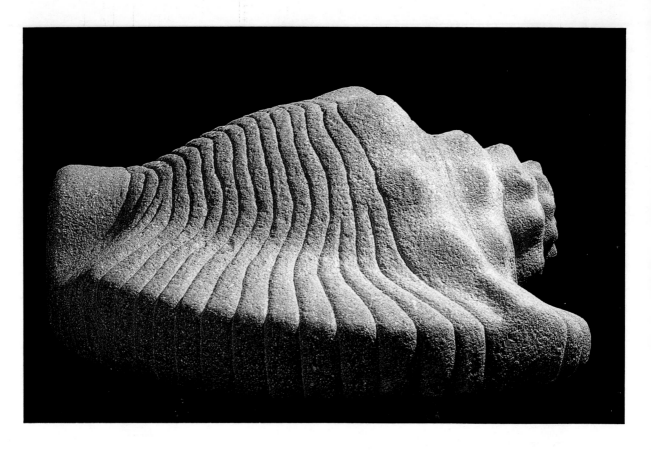

La sorprendente unión de la piedra y el movimiento, en este caracol del Templo Mayor.

Enfrente: desde la sala donde está colocada Coyolxahuqui se goza una espectacular vista del templo cristiano más importante de América.

Páginas anteriores: entre los mexicanos existían dos órdenes militares, los Caballeros Aguila, soldados del Sol, cuyos atributos eran las garras y el yelmo, y los Caballeros Tigre, guerreros de la Noche. En la imagen de la derecha puede apreciarse a la Diosa de los cascabeles en las mejillas, que yace desmembrada como señal de su derrota ante Huitzilopochtli.

riz desviada hacia la izquierda, y que constituye la pieza azteca más antigua que se ha descubierto y se resguarda en el museo de sitio.

Un poco más allá pueden verse tres adoratorios identificados como A, B y C, cuyas decoraciones se apreciarán mejor desde otros puntos de nuestro recorrido. En el lado izquierdo de los adoratorios puede verse la entrada al Recinto de los Caballeros Aguila. En las alfardas o extremos de la escalera que mira hacia el Poniente, pueden observarse dos cabezas de águila. Dando la vuelta por el corredor y siguiéndolo hasta doblar la esquina, queda ante nuestros ojos el interior de los aposentos que se cree servían para ceremonias de esta orden guerrera. Al fondo, tres banquetas en cuyo frente la piedra, que conserva restos de color, está esculpida con una procesión de guerreros y un delgado friso con serpientes. Sobre ellas se encontraron esculturas en barro de Caballeros Aguila, que se cuentan entre las piezas más valiosas del museo, así como otras que representan esqueletos.

Siguiendo el corredor podemos ver de cerca los adoratorios A, B y C. En el adoratorio B, destacan los cráneos que conforman el altar *tzompantli* y que los arqueólogos consideran que representa al *Mictlampa* o Lugar de los Muertos. Al adoratorio C podemos identificarlo por sus decorados de círculos rojos, motivo por el cual se le ha dado el nombre de Templo Rojo.

Llegamos entonces a la entrada del museo de sitio. En su construcción se buscó una continuidad con el recinto ceremonial, de modo que se dividió en dos alas, dedicadas a dos dioses, como en el Templo, una a Huitzilopochtli y otra a Tláloc. El acervo está integrado por alrededor de 7 mil objetos localizados en cerca de cien ofrendas halladas en el Templo Mayor, de los cuales se exhibe sólo una parte, tanto objetos mexicas, como pertenecientes a otras culturas de las áreas que rendían tributo a los aztecas. Como complemento se incluyen piezas coloniales y aun contemporáneas, encontradas en el curso de las excavaciones.

Al iniciar el recorrido por la derecha, lo primero que encontramos es un muro de cráneos de piedra recubiertos de estuco que fueron encontrados en el recinto, aunque su colocación, que intenta reproducir los adoratorios al Dios de la Muerte, es obra de los museógrafos.

De manera resumida pueden señalarse como piezas notables en la sala 1, dos urnas funerarias que destacan por su antigüedad. En la sala 2, los cuchillos de la guerra y el sacrificio. En la sala 3, una máscara olmeca probablemente del año 800 antes de Cristo. En la sala 4, dos grandes esculturas en barro, recubiertas con estuco para semejar las plumas de los Caballeros Aguila, los guerreros de Huitzilopochtli.

Mención aparte merece la piedra esculpida con la representación de Coyolxauhqui, que recomendamos observar desde lo alto al pasar, después de la sala 4 a la segunda ala del museo. Con las llamadas Piedra del Sol o Calendario Azteca y la Coatlicue, localizadas en la Plaza Mayor en 1790,

la Coyolxauhqui integra la tríada de piezas consideradas casi de manera unánime como las más significativas de la cultura mexica y aun de toda el área mesoamericana. La escultura muestra a la diosa desmembrada y gotas de sangre salen de las heridas. El culto a Coatl, la serpiente o el mellizo, pues ambos significados tiene la palabra Coatl, se manifiesta en la omnipresencia de su imagen tanto en el propio Templo Mayor, como en la escultura de Coyolxauhqui, en la que los brazos y las piernas aparecen como anudados por dos pequeñas serpientes enlazadas, mientras una más se enreda en su tocado para sacar la cabeza encima de la frente de la diosa. Otras dos, esta vez con las cabezas juntas, forman el ceñidor del que pende un cráneo.

En las coyunturas de la Coyolxauhqui, "la de los cascabeles en las mejillas", aparece una imagen que ha sido identificada como representación de Tláloc y que Rubén Bonifaz Nuño (1923), poeta y erudito en la cultura mexica, ha señalado como otras tan-

tas imágenes de la serpiente. Según esta interpretación, el símbolo que aparece tanto en los talones, como en las rodillas y en la unión del brazo y el antebrazo, representaría la cabeza, el ojo y los cuatro colmillos con que se simbolizaba la presencia serpentina. Aunque motivo de polémica entre los eruditos, las dos interpretaciones no difieren tanto, puesto que el rostro del Dios del Agua se forma frecuentemente con cuerpos del ofidio, mientras la boca se integra con dos cabezas enfrentadas de serpiente. (Una imagen similar puede verse en una de las vasijas de la sala 5).

En la sala 5, dedicada a Tláloc, destaca, por su excepcional belleza, un caracol en piedra blanca de ondulante suavidad.

Al salir del museo de sitio vale la pena descender hacia el último corredor, desde el cual puede verse, al final, un brasero con la imagen de Tláloc, y hacia la salida dos más cuya dedicación a Huitzilopochtli se identifica por los moños de piedra que lo adornan.

Catedral Metropolitana

Plaza de la Constitución
Tiempo de recorrido: 30 minutos
*Horario: De 8 a 20 horas. Sacristía de 11
a 13 horas. Sagrario de 8 a 20 horas*

Como esos platillos de lenta y tradicional elaboración que sazona el tiempo –embebiéndose las verduras en aceite o en vinagretas secretas, asoleándose la carne, oreándose el trozo de queso, ahumándose o salándose el pescado– la Catedral de México se ha ido creando morosamente. Por su prolongada construcción –de 1573 a 1813– es un compendio de los tres estilos arquitectónicos que predominaron sucesivamente en la época colonial: renacentista, barroco y neoclásico.

El Sagrario Metropolitano, que es la construcción adosada a la derecha de la Catedral, representa el apogeo del barroco, pues éste era el estilo en auge cuando fue edificado, de 1749 a 1760, por el arquitecto andaluz Lorenzo Rodríguez. En tezontle rojo y cantera blanca, tiene, en la fachada sur, la que ve a la Plaza de la Constitución, a los doce apóstoles esculpidos en las

caras visibles de los cubos de sus cuatro columnas estípites, mientras los doce profetas están representados en los cubos de las cuatro columnas estípites de la fachada oriente, la de la calle de Seminario.

No hay espacio en el Sagrario que no haya sido trabajado. La decoración incluye repisas de nichos de caprichosas formas, paños flotantes e innumerables querubines (rostros alados). Entre los frutos, que representan las ofrendas rituales, los expertos han identificado uvas y granadas, símbolo unas del vino transformado en la sangre de Cristo y las otras, de la Iglesia; entre las flores, rosas, margaritas, botones y flores de cuatro pétalos, como los chalchihuites indígenas. Para barruntar la profusión, sirva de ejemplo que en el pormenorizado estudio de Elisa Vargas Lugo y su equipo, se cuentan 65 conchas en la portada principal y 48 en la lateral, algunas de ellas –aventuran– dan "la impresión de penachos" colocadas sobre las cabecitas de los ángeles. Como en otros ejemplos del barroco, la riqueza de la decoración del Sagrario más parece provenir de la docilidad de la

talla en madera que de la piedra en que está realizada. Anecdótico, pero significativo, que su autor, Lorenzo Rodríguez, se dedicó, primero, a la carpintería.

Lo más antiguo de la Catedral es su fachada norte que fue edificada en el siglo XVI, bajo las –¿nos atreveremos a reiterar el adjetivo?– sobrias normas del renacentista estilo herreriano, llamado así, por Juan de Herrera (1530-1597), el arquitecto del monasterio del Escorial, en España. Las fachadas occidental y oriental, es decir, las de las calles de Seminario y Monte de Piedad, también más antiguas que el resto, ostentan, en su tercer nivel, columnas salomónicas, que delatan la llegada del barroco.

Trecho a trecho, como en las portadas de uno y otro lado de la princi-

A pesar de reunir todos los estilos que florecieron en el Virreinato, la Catedral es un conjunto armonioso.

Enfrente: Padres de la Iglesia, arcángeles, figuras heráldicas y alegóricas, escenas bíblicas y pasajes de la historia religiosa anidan en las fachadas del Sagrario.

41

pal (frente a la Plaza de la Constitución), se puede apreciar también la suma de estilos: en el primer cuerpo, las columnas son entre dóricas y toscanas; en el segundo, como que fueron construidas más tarde, ya tienen las formas ondulantes de las columnas salomónicas. En los altorrelieves, se puede contemplar, en la portada izquierda, "a Jesucristo entregándole las llaves de la Iglesia a San Pedro", y en el de la derecha, "la nave de la Iglesia y los apóstoles surcando los mares de la eternidad", con San Pedro como timonel.

En la portada principal –la central y más alta– se resguardan, entre las columnas, las estatuas de Pedro y Pablo, en un primer nivel, y en el segundo cuerpo, las de Andrés y Santiago. Aquí líneas en zig zag enriquecen las columnas. Al centro, un altorrelieve en mármol con la Asunción de la Virgen María, a cuya advocación está dedicada la catedral. Todos los altorrelieves están inspirados en grabados del pintor flamenco Pedro Pablo Rubens (1577-1640). Los remates de las tres portadas ya no son renacentistas ni barrocos, sino neoclásicos.

Las torres que simulan, en sus cúspides, unas campanas, hechas de tezontle y cubiertas por chiluca (la cantera blanca proveniente de Tziluca), son la original creación del veracruzano José Damián Ortiz de Castro (¿1750?-¿?). Muerto prematuramente el jalapeño, le correspondió al valenciano Manuel Tolsá (1757-1816) culminar la catedral, que se había iniciado casi 300 años antes, al agregar, en estilo neoclásico, el cubo que alberga el reloj, las estatuas de las tres virtudes teologales (Fe, Esperanza y Caridad), la alta balaustrada que circunda el edificio, y la armoniosa y severa cúpula que está sobre el crucero, cúpula que recomendamos apreciar desde la calle de Monte de Piedad.

Hay en la catedral metropolitana, 25 campanas distribuidas irregular-

El cuerpo más alto de las torres de Catedral reproduce, en calado, el cuerpo anterior.

Enfrente: El Altar del Perdón.

Páginas anteriores: 240 años transcurrieron desde que se puso la primera piedra hasta que Manuel Tolsá diera los últimos toques.

mente, 18 en la torre oriental y sólo siete en la poniente. La mayor es la "Santa María de Guadalupe" que pesa casi 13 mil kilos. Otras "laringes de bronce" son "Doña María", de unos 6 mil 900 kilos, y una de menor tamaño llamada "La Ronca", las cuales se colocaron en 1654 en una torre y luego, sobre rodillos, se deslizaron a la otra. Una más, apenas 46 kilos más ligera que "Doña María", fue colocada en 1793.

El precario equilibrio de la catedral hace que resulte paradójico que en sus cimientos se hayan invertido los primeros 42 años –los que corren de 1573 a 1615–, pues ya desde entonces, considera el investigador Manuel Rivera Cambas (1840-1917), se tuvo "en consideración para profundizarlos, la altura y solidez del edificio y la natural blandura del terreno", además de la naturaleza sísmica de la región. En su afán de asentar de manera simbólica su poder, los españoles construyeron la catedral cristiana

"frontera del templo de Huitzilopochtli" e incluso con las mismas piedras que habían formado el adoratorio de la principal deidad azteca.

La catedral de México mide aproximadamente 110 metros de largo (de Norte a Sur), por 54.5 de ancho (de Oriente a Poniente). Tanto la altura de las torres, como la de la cúpula de Tolsá, son de 67 metros. Consta de cinco naves, pero las laterales están ocupadas por las capillas. Tiene 51 bóvedas, 74 arcos y 40 columnas. Como se hunde diferenciadamente, hoy existe un desnivel entre la base de la torre y la del ábside o fondo de la catedral. Contiene cinco grandes altares, 16 capillas, el coro, la crujía, la sala capitular, la sacristía y cinco puertas. Los juegos del claroscuro se ven favorecidos por la luz exterior que penetra por alrededor de 150 ventanas.

El Altar del Perdón, situado al inicio de la nave central, y el Altar de los Reyes, en el presbiterio de la catedral, son obra del andaluz Jerónimo de Balbás. Estas obras comparten un valor histórico, pues en ellas se empleó, por primera vez en Nueva España, la célebre columna estípite, la cual semeja un cuerpo humano. La parte más baja es una pirámide trunca colocada con el vértice hacia abajo a modo de caderas y piernas, un cubo en la parte intermedia rememora el tronco, mientras el capitel que la corona, siempre de estilo corintio, funge de cabeza. Ser de dos mundos, la pilastra estípite es a medias arquitectura –puesto que es una columna– y a medias escultura –ya que ha sido tallada para semejar la forma de un ser humano.

Lo primero que encuentra el visitante al entrar es el Altar del Perdón en la nave central, dañado desgraciadamente durante el incendio que ocurrió el 17 de enero de 1967: hoy se le puede admirar restaurado por completo; su característica más peculiar, en el nivel más alto, es un copete de medio punto –que De la Maza

ha comparado con un abanico desplegado– cuajado de medallones.

Como respaldo del Altar del Perdón está el coro, obra barroca, que también fue dañada en el incendio, cuyo autor es Juan de Rojas. Los sitiales altos ostentan en cada silla una estatua enmarcada por dos columnas salomónicas adornadas con racimos de uvas. Hay dos órganos monumentales, uno fabricado en España, y el otro copia novohispana. Tienen cajas de cedro blanco y 3 mil 350 flautas cada uno. Están decorados por ángeles que tocan instrumentos musicales: viola, violín, cornamusa, trompeta marina, laúd y otros. La reja que cierra el coro es de tumbaga (aleación de oro e igual o menor cantidad de cobre) y calaín (aleación de oro, cobre y plata). Fue fundida en Macao, China, según el diseño de Nicolás Rodríguez.

El facistol –enorme atril que se emplea para sostener los libros del coro– proviene de Filipinas. Coronado por una imagen de la Asunción de María, combina dos maderas preciosas: el tíndalo rojo vino y el negro ébano. Tiene estatuillas de marfil y una firma: Josephus Núñez.

Al fondo de la Catedral, como culminación de la nave central, está el Altar o Retablo de los Reyes, obra iniciadora y al mismo tiempo cumbre del ultrabarroco o exuberante barroco americano. Al decir del historiador de arte Justino Fernández (1904-1972), tiene 13.75 metros de ancho por 7.50 metros de fondo y unos 25 metros de altura del piso del presbiterio hasta la bóveda. Su autor, como ya se indicó, fue Jerónimo de Balbás y su construcción abarcó siete años, los que corrieron de 1718 a 1725. Está realizado en madera de cedro cubierta con reluciente laminilla de oro, obra del dorador Francisco Martínez.

El nombre del altar se debe a que reúne figuras de reyes que, al mismo tiempo, fueron santos. En esquema del mismo Justino Fernández, ellos son, comenzando de abajo hacia arriba y de izquierda a derecha, los siguientes: Un grupo de tres esculturas policromadas formado por santa Margarita, santa Elena y santa Isabel

Una de las 16 suntuosas capillas que se encuentran en las naves laterales.

En la página opuesta, en el presbiterio se admira el Altar de los Reyes; aquí están las imágenes de seis reinas y seis reyes santificados.

de Hungría. El altar en medio y otro grupo de tres: Isabel de Portugal, la emperatriz Cunegunda y la princesa Edita. En un segundo nivel y luego de otros ornamentos, san Hermenegildo y san Enrique, a la izquierda, y san Eduardo y san Casimiro, a la derecha. Más arriba, como en el vértice de dos triángulos cuyas bases respectivas serían los cuatro ya mencionados, san Luis de Francia y san Fernando, rey de Castilla y de León. En el centro, un lienzo con el tema de La Adoración de los Reyes, del mexicano Juan Rodríguez Juárez (1675-1728). Más arriba aún otras dos pinturas que representan, la de la izquierda, a san José con el niño Jesús, y la de la derecha, a Teresa de Ávila. Estos cuadros flanquean otra tela, también de Rodríguez Juárez, con el tema central: la Asunción de la Virgen María. En el nivel siguiente, siempre hacia arriba, el monograma de Jesús, a la izquierda, y el monograma de María, a la derecha, custodiados por ángeles. Culmina el retablo, al centro y en la máxima altura, el Padre Eterno, quien sostiene un globo terráqueo.

Delirio, vértigo y fantasía dionisíaca, son algunas de las fórmulas poco ortodoxas que se han empleado al referirse al Altar de los Reyes. Esta "gruta de oro" atrapa la atención por sus juegos de luces, sus violentos claroscuros, su arrebatado movimiento, sus portentosas columnas estípites y su espacio pletórico de imágenes pero, en especial, por lo que el poeta José Juan Tablada (1871-1945) resumió como su "opulenta magnificencia".

La conjunción de arquitectura, pintura y escultura pone en escena, con dramatismo, la unión de las artes, una de las principales propuestas del barroco. No es obra, como advierte Justino Fernández, para verse de frente, pues partes del retablo permanecen ocultos, hay que ponerse en movimiento, como está ella misma, en impulso ascensional, para admirarla.

No hay que olvidar sus simbolismos, el claroscuro –que en arquitectura se concreta en los salientes y los hundidos– imita la vida del hombre perdido en las tinieblas (la oscuridad) y deseoso de la gloria (la claridad), representada en el esplendor barroco del oro. La línea curva, que se encrespa como ola, amenaza con hundir la barca de la vida de los hombres, que viajan siempre en el mar tormentoso del pecado. La abundancia de frutas y hojas son, por un lado, recuerdo de ritos agrícolas y, por otro, adoración a Dios a través de su creación: la naturaleza. En conjunto, el retablo lanza un mensaje: los poderosos de la Tierra, los reyes, rinden homenaje a María y a su Hijo.

Al final del corredor que parte hacia la derecha, la Sacristía tiene una puerta de estilo herreriano. Su bóveda, con molduras que se cruzan, hermana el renacimiento con el gótico. Conserva en sus muros los lienzos monumentales de Cristóbal de Villalpando, el más grande pintor barroco de Nueva España: *La apoteósis de san Miguel*, *El triunfo de la Eucaristía*, *La Iglesia militante* y *La Iglesia triunfante*, y *La Virgen del apocalipsis*. Hay, además, dos telas de similar magnitud, aunque de menor mérito, de Juan Correa: *La entrada de Jesús a Jerusalén* y *La Asunción de la Virgen*.

Las capillas, que estaban a cargo de las diversas cofradías –grupos de devotos de un gremio–, ocupan, como ya se indicó, las naves laterales. Existen siete por cada lado, más dos que surgieron al clausurarse las puertas que flanqueaban el Altar de los Reyes.

La Capilla de las Reliquias (1610-1615) conserva el llamado Cristo de los Conquistadores. Una descentrada ventana no impide gozar sus formas suntuosamente ultrabarrocas que con nichos hacen marco a un Cristo de pasta de caña del siglo XVII.

La Capilla de los Angeles es la más deslumbrante. Los retablos, terminados en 1665, son barrocos con columnas salomónicas. Está dedicada al principal de los arcángeles, san Miguel, especie de caballero andante medieval, armado contra la herejía. Con malicia, Francisco de la Maza (1913-1972) escribió que la segunda túnica de los arcángeles, mediante un broche, se arremanga y abre a medio muslo "con el único fin de enseñar la desnudez de la parte más bella del

San Cristóbal, óleo de Simón Pereyns. Arriba, el magnífico coro de Catedral.

Enfrente, el barroquismo de Cristóbal de Villalpando se derrocha en su gigantesca obra *El triunfo de san Miguel*, en la sacristía de Catedral.

cuerpo humano, la pierna". Los arcángeles son literalmente los jefes de los ángeles y éstos, los mensajeros de la Divinidad.

En la Capilla de San José (1653-1660) se venera la imagen del Señor del Cacao, un Cristo probablemente del siglo XVI. Su nombre obedece a que esta capilla recibía las limosnas para la construcción de la Catedral, y los indígenas, cuya moneda fraccionaria era, en la época prehispánica, el cacao, realizaban todavía en esta forma sus ofrendas. Su estilo es ultrabarroco y destaca la escultura estofada de san José, patrón de la Nueva España.

La Capilla de San Felipe de Jesús está dedicada al único mártir novohispano, fraile crucificado en Japón. A la derecha, una urna conserva los restos del emperador Agustín de Iturbide (1783-1824), consumador de la Independencia. Su bóveda, una de las primeras en ser terminada, es de estilo gótico con formas geométricas y su retablo, del siglo XVIII, barroco.

Casas de Hernán Cortés
(Nacional Monte de Piedad)

Plaza de la Constitución
Tiempo de recorrido: 5 minutos
Horario: Lunes a viernes de 10 a 17
horas; sábado de 10 a 15 horas

Una vez terminada la visita de la Catedral, hay que dirigirse al edificio del Monte de Piedad –en la calle de este nombre y de 5 de Mayo– que, aunque muy modificado, es una parte de lo que resta de las casas del conquistador de México: Hernán Cortés (1485-1547). Sus dimensiones originales eran de tal magnitud –el espacio contenido entre las actuales calles de Madero, Isabel la Católica, Tacuba y Monte de Piedad– que el cronista Cervantes de Salazar llega a decir que no se trata de un palacio, sino de otra ciudad y no ha faltado quien le haya encontrado parecido con el laberinto de Creta que sirvió de prisión al mítico Minotauro.

Cortés reservó para sí las que habían sido las Casas Viejas de Moctezuma Xocoyotzin (1466-1520), esto es, las casas en donde había vivido el gobernante mexica con su padre, Axayácatl (¿1453?-1483). Llegó a ser sede de la Audiencia y casa de dos virreyes. Originalmente tenía dos pisos, con un conjunto de accesorias que Cortés rentaba para comercios. En 1615 se dividió para su venta, y de 1775 –según investigaciones de Guillermo Tovar de Teresa– datan las fachadas. Hoy, tiene el escudo del conde de Regla, una fachada de tezontle y cantera, un piso añadido y aparecen juntos dos edificos que antes estuvieron separados.

En 1775, Pedro Romero de Terreros (1710-1781), primer conde de Santa María de Regla, propietario de las minas del Real del Monte, estableció la institución del Sacro y Real Monte Pío de Animas, dedicado a obras filantrópicas y préstamos sin lucro. A partir de la Independencia adoptó el nombre, y el rango, de Nacional Monte de Piedad y desde 1836 ocupa esta casa. Cada 15 días, las prendas –muebles, antigüedades, alhajas, coches, ropa, aparatos domésticos y demás objetos– que no han podido ser rescatadas o refrendadas por sus dueños, se rematan en subasta pública.

Desde las terrazas de los edificios situados frente al Palacio se admira la Plaza de la Constitución en toda su magnitud. Esta plaza ha tenido infinidad de caras, como se puede ver en decenas de fotografías exhibidas en los pasillos de la estación subterránea del Metro Zócalo.

Enfrente: primero, el Monte Pío se estableció en el Colegio de San Pedro y San Pablo, luego se trasladó al convento de Santa Brígida y desde 1836, mediante la compra del inmueble, ocupa una parte de lo que fueron las Casas de Cortés.

Páginas siguientes: mientras en la Colonia el Portal de Mercaderes alojó principalmente a los cajones de ropa, en la actualidad el ramo más socorrido es el de la joyería de oro. La arquería data del siglo XVI, mientras los pisos superiores son neocoloniales.

Antiguo Centro Mercantil (Gran Hotel de la Ciudad de México)

*Plaza de la Constitución
y 16 de septiembre
Tiempo de recorrido: 5 minutos*

En 1899 nació como el Centro Mercantil, una de las primeras tiendas departamentales del país, y desde 1966 es un hotel de la cadena Howard Johnson. Ya no tiene su ondulante y envolvente escalera, pero conserva, por fortuna, los elevadores, como jaulas de oro, y el *plafond* o techo, de Jacques Gruber, con su enorme emplomado que deslumbra, como un conjunto de gemas, apresado por el hierro, símbolo, como el ferrocarril de entonces, de modernidad. El negro y duro material, como siempre en el *art nouveau*, se doblega a la voluntad del artista para rodear, vuelto encaje, tres medallones, que dejan entrar la alegre luz del sol, sorprendi-

da de tanta perfección. El *art nouveau*– estilo que, en tributo a la naturaleza, imita las formas caprichosas del tallo, la hoja y las flores– es una especie de *non plus ultra* del arte: otros creadores pueden buscar en sus obras expresar más carácter, quizás una denuncia o una emoción, pero ninguno puede sobrepasar este refinamiento. Su programa, que fue en su momento bandera de modernidad, de juvenil audacia e incluso de progreso, hoy nos parece un remanente del siglo XIX, última expresión de la *belle epoque*, que precedió en Europa a las guerras mundiales, y en México acompañó a la *pax porfiriana* que antecedió a la Revolución. Lo que, en fin, el viento –o el vendaval de la historia– se llevó.

Desde la cafetería de este hotel, en el cuarto piso, o desde el bar del Hotel Majestic –que está en la esquina anterior– se disfruta de una magnífica vista de la Plaza de la Constitución.

El gran *plafond* de una antigua tienda departamental, hoy Gran Hotel de la Ciudad de México, realizado en un estilo que, no es arriesgado decirlo, por su exuberancia y sensualidad, por el goce y diversión de los sentidos, es un descendiente profano –o domesticado– del barroco.

Enfrente, el *art nouveau* no se conforma sólo con la arquitectura, pretende, además, convertir en objeto estético el hábitat del hombre: los muebles, las lámparas, los trajes, las portadas de los libros, los cartelones publicitarios y los adornos de mesa. Pretendía abarcar no sólo a la arquitectura, sino a la decoración.

Páginas siguientes: aunque de factura moderna, los pisos superiores de la fachada del Antiguo Ayuntamiento imitan el tallado colonial de la cantera, en marcos, arcos y pilastras.

FUNDACIÓN DE LA
CIUDAD DE MÉXICO

Antiguo Ayuntamiento

Plaza de la Constitución
Tiempo de recorrido: 5 minutos
Horario: Lunes a viernes de 9 a 19 horas

Inmediatamente después de la Conquista, se asignaron los terrenos para la construcción del Ayuntamiento que fue terminado en 1532, y aunque no se tiene certeza, se cree que el constructor fue el cantero Juan de Entrambas-aguas, con la colaboración del alarife Melchor Dávila. Ahí hubo carnicería, cárcel y alhóndiga o troje. El edificio fue quemado durante el motín provocado por la hambruna en 1692 que destruyó igualmente el Palacio Virreinal.

Famoso es que el científico Carlos de Sigüenza y Góngora, ante la inminencia de que ahí se perdiera el archivo histórico de la ciudad, mostró valor inusitado al colocar, en medio de las llamas, escaleras para el segundo piso, desde donde, con ayuda de amigos y mozos a los que pagó, arrojaron los libros y salvaron las actas del Cabildo desde 1524.

En ruinas quedaría el edificio durante muchos años, hasta que fue reconstruido entre 1720 y 1724 bajo el mando del arquitecto Antonio Alvarez. Ya en este siglo, para las celebraciones del Centenario de la Independencia, se le agregaron pisos, en el estilo de imitación conocido como neocolonial, por el arquitecto Manuel Gorozpe, y fue terminado en 1930. En el interior, un juego de arcos enmarca la escalera monumental diseñada por Alvaro Aburto.

Departamento del Distrito Federal

Plaza de la Constitución
Tiempo de recorrido: 5 minutos

También de factura moderna, fue construido, entre 1941 y 1948, bajo la dirección de Federico Mariscal y Fernando Beltrán Puga, quienes procuraron reproducir las líneas del antiguo edificio del Ayuntamiento, a fin de darle unidad a la Plaza de la Constitución. Ocupa el lugar que en tiempos coloniales era el Portal de las Flores, cuyo nombre se debe a las dueñas de ese apellido, aunque más tarde, como un pleonasmo de los hechos, ahí se vendían flores y verduras, hecho que llevó a creer a muchos que el título se debía a la especialidad de la vendimia. Cuando se excavó para los cimientos, se encontraron restos de la casa de la Malinche y más abajo, vestigios de un juego de pelota mexica.

Al construir el edificio del Departamento del Distrito Federal, se buscó unificarlo con el viejo Ayuntamiento. Los torreones, bien resueltos, son en el estilo de imitación conocido como neocolonial.

Enfrente: además del escudo en azulejo puede apreciarse el delicado trabajo ornamental con que se decoró el corredor del Antiguo Ayuntamiento.

Suprema Corte de Justicia

Corregidora y Pino Suárez
Tiempo de recorrido: 7 minutos
Horario: Lunes a viernes de 9 a 14:30
horas

El solemne edificio de la Suprema Corte de Justicia fue construido entre 1935 y 1941, bajo la dirección del arquitecto Antonio Muñoz García, en los terrenos en que, en época prehispánica, se realizaba la ceremonia religiosa del Volador, semejante a la que hoy conservan los voladores de Papantla, y cuya plaza pertenecía al palacio conocido como las Casas Nuevas de Moctezuma que pasarían a manos de Hernán Cortés. Fue el predio objeto de disputas judiciales, entre los herederos del capitán español y el Ayuntamiento primero y la Universidad después. Finalmente el espacio fue compartido entre la Real y Pontificia Universidad y el célebre mercado del Volador, adonde reubi-

La escultura de Juan Olaguíbel (1889-1971), representa el momento en el que los sacerdotes encuentran el lugar donde los aztecas debían fundar su ciudad. Arriba, un sobrio edificio para ejercer la justicia.

Enfrente: en este mural, Orozco critica a la justicia en su propia casa.

caron a vendedores ambulantes que se desbordaban, desde entonces, por el Zócalo y las calles circundantes.

En el interior del edificio, José Clemente Orozco pintó en 1941 cuatro tableros. *El movimiento social del trabajo* muestra una visión apocalíptica y heroica de los obreros. En los tableros de la derecha y la izquierda, Orozco critica a la justicia en su propia casa al mostrar a la real mezclada con los malhechores, mientras la ideal duerme en su trono. En el mural del fondo, titulado *Riquezas nacionales*, los recursos naturales del país, como el petróleo y la plata, son señoreados por un tigre envuelto en la bandera patria que simboliza la conciencia nacional.

Además de las obras de Orozco, están el mural *La guerra y la paz* del estadounidense George Biddle, a la entrada de la biblioteca, y los altorrelieves de Elenardeau, a los lados de la puerta.

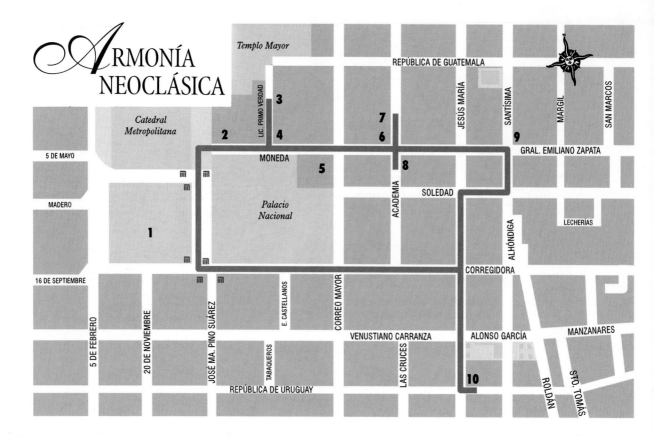

ARMONÍA NEOCLÁSICA

Templo Mayor

REPÚBLICA DE GUATEMALA

Catedral Metropolitana

5 DE MAYO

MADERO

16 DE SEPTIEMBRE

LIC. PRIMO VERDAD

MONEDA

Palacio Nacional

5 DE FEBRERO

20 DE NOVIEMBRE

JOSÉ MA. PINO SUÁREZ

E. CASTELLANOS

TABAQUEROS

REPÚBLICA DE URUGUAY

CORREO MAYOR

VENUSTIANO CARRANZA

LAS CRUCES

JESÚS MARÍA

SANTÍSIMA

MARGIL

SAN MARCOS

GRAL. EMILIANO ZAPATA

ACADEMIA

SOLEDAD

ALHÓNDIGA

LECHERÍAS

CORREGIDORA

ALONSO GARCÍA

MANZANARES

ROLDÁN

STO. TOMÁS

1. Plaza de la Constitución
2. Ex Palacio del Arzobispado
   (Museo de la SHCP)
3. Santa Teresa La Antigua
   (Centro de Arte Alternativo Ex Teresa)
4. Casa de la Primera Imprenta de América, UAM
5. Casa de Moneda
   (Museo Nacional de las Culturas)
6. Iglesia de Santa Inés
7. Ex convento de Santa Inés
   (Museo José Luis Cuevas)
8. Academia de San Carlos
9. La Santísima
10. Claustro de la Merced

Enfrente, la airosa doble bóveda de Santa Teresa La Antigua. En el interior, está recubierta por pinturas y tachonada de casetones.

La pureza de líneas del neoclásico se reviste de señorío en la colonial Casa de Moneda, y asume el desafío de las grandes proporciones en Santa Teresa la Antigua, donde la proclividad por el lujo casi rompe los sombríos cánones, para deslumbrar con doradas cuadrículas. Los bordados pétreos del barroco alcanzan las cumbres del virtuoso en dos de las construcciones más memorables del Centro Histórico, La Santísima y el Claustro de la Merced, cuya contemplación vale la pena, aunque haya que atravesar un barrio no exento de riesgos.

Ex Palacio del Arzobispado (Museo de la Secretaría de Hacienda y Crédito Público)
Moneda 4
Tiempo de recorrido: 30 minutos
Horario de visita: martes a domingo de 10 a 18 horas

Fray Juan de Zumárraga, primer obispo de la Nueva España, inició en 1530 la jurisdicción eclesiástica de un territorio que por aquellos tiempos llegaba hasta las Filipinas. Como sede, eligió dos casas cercanas al sitio donde se construiría la catedral; una vez adaptadas para las funciones arzobispales se les añadieron otras dos, una para fundición de campanas y otra para cárcel. Innumerables modificaciones se le practicaron a lo largo de 200 años, hasta que en 1771, con otras anexiones, el Palacio del Arzobispado quedó con las características que hoy conocemos. El vano de la portada está enmarcado por un par de columnas estípites y, encima, una cornisa sostiene tres ventanas con barandal corrido, y remata en una cornisa que alterna arcos invertidos con almenas. En su cárcel murió, quizá asesinado, el prisionero Francisco Primo de Verdad, razón por la que se cambió el nombre de la Cerrada de Santa Teresa por el de este precursor de la Independencia de México. En 1867 el Palacio dejó sus funciones religiosas y ahí se instaló la Contaduría Mayor de Hacienda.

Después de un cuidadoso proceso de restauración, el edificio mues-

tra hoy en su interior dos excavaciones en el subsuelo que dejan ver detalles de edificaciones prehispánicas. En el Museo se exhibe la colección pictórica que por concepto de impuestos, los artistas plásticos pagan con obra. Se muestran también pinturas, mobiliario y otros objetos religiosos que forman parte del patrimonio de la Secretaría. El proyecto del Museo incluye exposiciones de artes plásticas y otras actividades culturales.

Las más altas autoridades eclesiásticas de la Nueva España franquearon esta puerta. Los arzobispos tuvieron aquí su sede hasta mediados del siglo XIX y regresaron, por sólo cuatro años, durante el Segundo Imperio. A la derecha, uno de los magníficos patios del Palacio del Arzobispado.

Enfrente, la piedra de tezontle enmarca las portadas barrocas en cantera de la capilla del Señor de Santa Teresa.

Santa Teresa la Antigua (Centro de Arte Alternativo Ex Teresa)

Licenciado Primo de Verdad 6
Tiempo de recorrido: 5 minutos
Horario: de 10 a 18 horas

Pertenecía este claustro, que se bendijo en 1684, a la austera orden de las carmelitas descalzas, fundada por la monja escritora Teresa Zepeda y Ahumada. Tiene dos portadas barrocas, gemelas, como en todos los conventos de monjas. Presenta dobles columnas salomónicas en el primero y el segundo nivel, aunque se trata de una ilusión óptica, porque, aclara Elisa Vargas Lugo, las del segundo cuerpo son lisas, pero tienen "una guía enredada en forma helicoidal". El marco de la ventana está profusamente decorado. En este convento estuvo recluida por un tiempo la más notable de las poetisas mexicanas, sor Juana Inés de la Cruz, y sirvió de prisión a doña Josefa Ortiz de Domínguez, heroina de la Independencia. No so-

bra echar un vistazo a las fachadas de las casas de enfrente ni añadir que el licenciado Verdad, que da nombre a la calle, fue el primero en hablar ante el último gobierno virreinal del concepto de soberanía popular.

Desde un principio, la capilla del Señor de Santa Teresa, construida en 1684, fue suntuosa. De 1798 a 1813, fue reconstruida por Antonio González Velázquez y decorada con pinturas de Rafael Ximeno y Planes. En 1845, a causa de un temblor, se derrumbó. La capilla, nuevamente consagrada en 1858, fue reparada por el neoclásico Lorenzo de la Hidalga con una atrevida y hermosa cúpula pintada esta vez por Juan Cordero. Tiene en el exterior 16 columnas corintias y un casquete con vitrales. En el interior, la cúpula, de doble bóveda, tiene en la superior las pinturas de Cordero y en la inferior casetones de color dorado, que, junto con el verde y el blanco, le otorgan majestuosidad. Sirve, en la actualidad, como sala de conciertos y exposiciones.

Casa de la Primera Imprenta de América, UAM

Moneda y Lic. Primo Verdad
Tiempo de recorrido: 15 minutos
Horario de visita: lunes a sábado de 9 a
18 horas

Antonio de Mendoza, primer virrey de la Nueva España, trajo la primera imprenta que funcionaría por estas tierras americanas. En esta casa se establecieron en 1536 los tipógrafos Esteban Martín y Juan Paoli –adoptó el Pablos en México– y fueron los encargados del taller de letras movibles de metal –ideado por Gutenberg en 1437– de donde salieron los primeros libros impresos de América, generalmente catecismos en lenguas indígenas, entre ellos la *Breve y más compendiosa doctrina cristiana en lengua mexicana*, escrita por fray Juan de Zumárraga.

El edificio tuvo muchos usos, hasta que fue adquirida por la Universidad Autónoma Metropolitana en 1990, bajo el programa de restauración del Centro Histórico, para establecer un Centro de Educación Continua. Cuenta con salas de exposición y una librería, además de las salas dedicadas a conferencias y cursos.

Casa de Moneda (Museo Nacional de las Culturas)

Moneda 13
Tiempo de recorrido: 30 minutos
Horario: Martes a sábado de 9:30 a 18 horas; domingo de 9:30 a 16 horas

El Museo Nacional de las Culturas está ubicado en el local que durante la Colonia ocupó la Casa de Fundición o de Moneda, que formaba parte del Palacio Virreinal. Su construcción se inició en 1570 bajo la dirección de Miguel Martínez en los terrenos donde se encontraba en época prehispánica el segundo palacio de Moctezu-

Los primeros impresores de América se instalaron en esta casa en 1536.

Enfrente, el Antiguo Museo Nacional adoptó el título "de las culturas" cuando se destinó a exhibir vidas y costumbres de los pueblos del mundo.

ma que se llamaba Tlillanalco o Casa Denegrida, porque según cuenta Antonio de León y Gama tenía salas pintadas de negro y ahí se retiraba Moctezuma cuando tenía motivos de tristeza o cuando debía tomar decisiones sobre asuntos graves.

En 1667 fue necesaria una reparación mayor, pues la casa estaba en ruinas. En 1729, en cambio, se volvió a modificar el edificio, pero esta vez por la bonanza de la economía que exigía mayor circulante, es decir más trabajo para la casa de fundición. El primer proyecto para las ampliaciones fue presentado por Nicolás Peinado Valenzuela, quien además de arquitecto era el director de la Casa de Moneda, y las obras se iniciaron bajo la dirección del talentoso Pedro de Arrieta. Como maestro carpintero se nombró a Lorenzo Rodríguez. En 1732, sin embargo, el Virrey ordenó al arquitecto José Eduardo de Herrera que corrigiera los defectos técnicos y de proporción, y el proyecto fue aprobado, a pesar de que Peinado, quien fue encarcelado poco después,

manifestó su desacuerdo con las modificaciones. Al año siguiente, el Virrey nombró a la cabeza de la obra a Luis Díez Navarro, quien había ganado el concurso de la portada principal que, en efecto, realizó bajo su dirección el cantero Bernardino Orduña.

Nuevas ampliaciones se realizaron entre 1772 y 1779, por Miguel Costanzó y Lorenzo Rodríguez. El primero es, además de uno de los geógrafos más relevantes de la Colonia, notable arquitecto neoclásico y uno de los detractores más beligerantes del arte barroco. Rodríguez, como se recuerda, fue el constructor del Sagrario Metropolitano y figura cumbre en el empleo de la columna estípite; en la Casa de Moneda, desafortunadamente no pudo ser mucha su contribución, pues murió en 1774 y fue sustituido en esta obra por José Damián Ortiz de Castro, arquitecto mexicano, también neoclásico, a quien se debe el diseño de las torres de la Catedral Metropolitana.

En 1850, la Casa de Moneda se trasladó a la calle del Apartado y el edificio que había sido su sede se dedicó a diversos menesteres, hasta que en 1865 el Emperador Maximiliano decidió instalar allí el Museo Público de Historia Natural, Arqueología e Historia, al que se llevaron piezas procedentes de la Universidad, así como del Museo Nacional fundado por el presidente Guadalupe Victoria en 1825. Fue entonces cuando Lorenzo de la Hidalga, otro arquitecto neoclásico, restauró el edificio. El museo, después de crecer en una primera etapa, fue disminuyendo conforme sus colecciones se trasladaron a nuevos locales, hasta que en 1966 se convirtió en Museo de las Culturas y alberga salas didácticas sobre diversos pueblos del mundo. Vale la pena gozar de la tranquilidad del patio y echar una mirada al mural de Rufino Tamayo en el vestíbulo.

Iglesia de Santa Inés
Moneda 26
Tiempo de recorrido: 3 minutos

Sus puertas muestran excelentes relieves de madera. Unos, escenifican la vida de santa Inés y muestran a las monjas con sus protectores, don Diego Caballero y doña Inés de Velasco. También refieren pasajes de la vida de Santiago Apóstol, quien en una escena aparece a punto de ser decapitado y en otra, como Santiago Matamoros, vale decir en su papel de protector celestial en la expulsión de los moros de España.

El relieve en madera de la puerta del templo de Santa Inés representa a la santa en la escena de su martirio, cuando es decapitada.

Enfrente, en esta vista panorámica del patio del Museo José Luis Cuevas puede apreciarse la rabelesiana estatura de *La giganta*.

Ex convento de Santa Inés (Museo José Luis Cuevas)
Academia 13
Tiempo de recorrido: 30 minutos
Horario: Martes a domingo de 10 a 17:45 horas

Originalmente el claustro de Santa Inés debía alojar a 33 monjas, número de los años terrenales de Cristo, y estaba destinado a españolas huérfanas sin dote, las cuales, en retribución, debían rezar por sus protectores una hora diaria. Su sostenimiento provenía del ingenio de Amilpas, cuyos trabajadores, entre los que se incluía mano esclava, molían 5 mil arrobas por año y era considerado el más grande de Nueva España. Su propietario era don Diego Caballero, quien encomendó el convento a Alonso Martín. Fundado en 1600, fue reparado, con el patrocinio de los Marqueses de la Cadena, a finales del siglo XVIII.

El claustro, convertido hoy en el Museo José Luis Cuevas, tiene en su patio, como figura central, a *La gigan-* ta, una impresionante escultura en bronce realizada para este espacio por el propio Cuevas. Todo el patio colonial está cubierto con un moderno *duomo* de plástico transparente. Las obras que encierra revelan el gusto personal del artista, que prefiere aquellas que proponen la modernidad cosmopolita y significan una ruptura con el nacionalismo en general y en particular con las ideas comunistas de la Escuela Mexicana de Pintura, encabezada por Siqueiros y Rivera. El acervo incluye obras de Francisco Toledo, Juan Soriano, Vicente Rojo, Manuel Felguérez, Arnold Belkin, Gabriel Macotela, Alberto y Francisco Castro Leñero, entre los mexicanos, y Roberto Matta, Fernando de Szyszlo, Leonora Carrington y Remedios Varo, de otros países. Las salas más notables son las que albergan telas de Cuevas, la dedicada a obras en que otros artistas homenajean a José Luis y Bertha Cuevas, y la de Pablo Picasso, integrada, en su mayor parte, por magníficos dibujos.

el muralismo del siglo XX. Sin embargo, el más grande artista de la Academia es, sin duda, José María Velasco. Su forma de captar, objetivamente, en sucesivos acercamientos el paisaje y en particular la atmósfera del Valle de México, le han valido que críticos, como Justino Fernández, lo cataloguen, no como el mejor paisajista, título que nadie le niega, sino como el mejor pintor en la historia del arte nacional. Categoría disputada por su discípulo Diego Rivera.

Sostenida por la casa real, instituciones oficiales y particulares, se cerró por unos cuantos años al triunfo de la Independencia y cambió su nombre a Academia Nacional de San Carlos. No obstante, sería la principal impulsora del neoclásico, corriente afín al movimiento independentista que ajusta las cuentas con el barroco, el arte oficial de la Contrarreforma y símbolo del dominio español. En la época de Santa Anna, vivió literalmente de la lotería. Recibió la protección de Maximiliano, aunque, paradójicamente, los maestros extranjeros fue-

ron hostilizados; Juárez tampoco la vio con buenos ojos –considera Garibay– por la tendencia europeizante a la que juzgaba como rastro de colonialismo. En los tiempos de Porfirio Díaz llegó el catalán Antonio Fabrés, quien se convertiría en el maestro de Saturnino Herrán, Roberto Montenegro, Diego Rivera y José Clemente Orozco. Otros artistas relacionados con la Academia de San Carlos son Manuel Rodríguez Lozano, Alfredo Zalce, José Chávez Morado, Francisco Moreno Capdevila y Gabriel Fernández Ledesma.

En 1953, al mudarse la Escuela de Arquitectura, a la recién construida Ciudad Universitaria, en el Pedregal, se queda el local para la Escuela Nacional de Artes Plásticas, nombre que adoptó a partir de 1933. Al mudarse el nivel de licenciatura de la ENAP al nuevo edificio de Xochimilco en 1979, San Carlos ha quedado reservada a los estudios de posgrado.

Las colecciones de San Carlos –los vaciados en yeso, obras de Clavé y sus discípulos, pinturas provenientes de

los conventos, la colección Pani (en 1926) y los primitivos catalanes (1934)– sirvieron para integrar el acervo de otros museos, principalmente el Museo de San Carlos, donde se acoge la pintura europea, y la Pinacoteca Virreinal.

La Santísima

La Santísima 12, esquina con Emiliano Zapata
Tiempo de recorrido: 5 minutos
Horario: De 8 a 13 y de 17 a 20 horas

La plaza creada actualmente para salvar del hundimiento a esta iglesia

En el primer plano, la Academia de San Carlos. Al fondo, se asoman la torre y la cúpula de La Santísima.

Enfrente: Dios Padre, representado aquí con tiara papal, tiene al Espíritu Santo, con su tradicional forma de paloma, posado sobre el hombro, mientras Jesucristo descansa los brazos sobre sus rodillas en la escultura central de la fachada de La Santísima.

75

monumental le otorga una excelente perspectiva. Se construyó –entre 1755 y 1783– como templo anexo a un hospital y hospedería para sacerdotes. En su portada principal, de tres cuerpos, destaca una calle central muy ancha: en la clave o cúspide del arco un medallón con el escudo papal al que hacen techo unos roleos, encima un relieve de la Trinidad –con el Padre, vestido como Papa– y la ventana del

Bajo la luz, hay que deleitarse con el que es considerado "el claustro más rico de la ciudad de México", La Merced.
En la sombra, pueden observarse las puntas de diamante que se perfilan en el interior de los arcos.

Páginas anteriores: la calle de Moneda, una calle con vocación por las humanidades. A la derecha: en bicicleta, a pie o a caballo, con bolsas o canastos, los transeúntes viven la ciudad. Abajo, a la derecha, la casi fortaleza del templo de Jesús María.

coro, todos aquejados de cierto gigantismo. Por su parecido con el Sagrario, se considera obra de Lorenzo Rodríguez, aunque la ausencia de interestípites hace dudar a otros de esta autoría. La torre ostenta una original y también enorme corona papal como remate y es, según De la Maza, la única torre con estípites en la ciudad de México. La portada lateral, más sencilla, a la que Toussaint califica de "muy bella por la profundidad del relieve", tiene también en ambos cuerpos columnas estípites, que por su enorme originalidad y libertad ya son más esculturas que soportes. Ambas portadas están talladas con el famoso "horror al vacío" del barroco llenando el espacio con apóstoles y dignatarios de la Iglesia: Papas, obispos y doctores acompañados de ángeles y querubines. Los expertos coinciden en que es más fino el trabajo de la portada lateral. Su cúpula, decorada con azulejos, muestra en sus gajos, alternadamente, escudos pontificios y cruces de malta.

Claustro de la Merced
República de Uruguay 170
Tiempo de recorrido: 5 minutos
Horario: lunes a viernes de 8 a 14 horas

De estilo morisco, uno no sabe qué admirar más, si la profusión de los follajes, frutas y eslabones que finge la piedra en las columnas de la planta alta, las puntas de diamante en el interior de los arcos de estas columnas o el hecho de que los arcos de la planta baja se multipliquen por dos en el piso superior: siete abajo y catorce arriba. En el piso bajo, las columnas son dóricas, es decir, clásicas, y en la cúspide de sus arcos aparecen conchas que alojan apóstoles y frailes mercedarios. Una primera etapa constructiva, que incluye el piso bajo del claustro, se inicia en 1602 y acaba a mediados del siglo XVII, mientras el piso alto fue bendecido en 1703. Ha sido cuartel, gimnasio, escuela, museo, guardería y taller de tapiz del INBA. El viejo claustro ha impuesto su nombre al barrio comercial que lo rodea: La Merced.

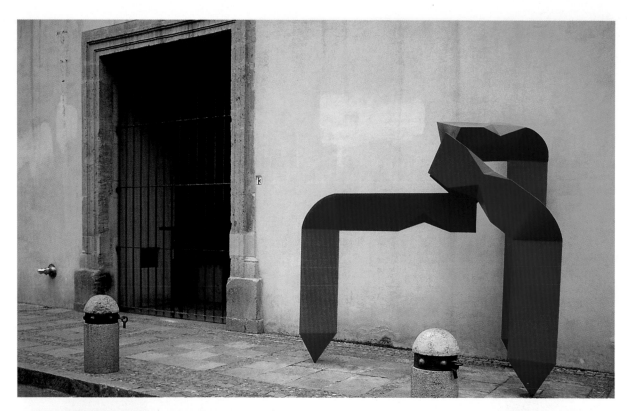

El viejo tranvía, restaurado y con ruedas de caucho, transporta turistas por el
Centro Histórico. Arriba, la escultura en lámina roja junto a la entrada colonial
del ex convento de Santa Inés convertido en Museo José Luis Cuevas.

Los cilindreros se niegan a morir, apoyados por la población que paga
con monedas su música. Arriba, las herramientas de trabajo: un cargador con su "diablo"
y un religioso de sotana blanca con su hisopo a cuestas esparce agua bendita.

Manifestación de maniquíes en demanda de trajes.
Arriba, entre risas y aplausos de los críticos, los calendarios de Helguera.

En la página opuesta, el despertar del centro: tamales para el desayuno; fachada de la antigua Alhóndiga, el estómago de la ciudad y con frecuencia el termómetro del descontento durante el Virreinato; en un nicho la gran devoción por "el ánima sola"; la última acequia del centro de la ciudad sobre la calle de Corregidora.

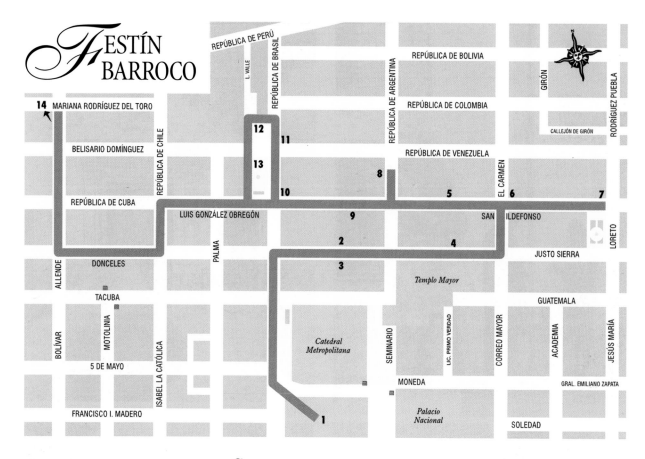

$\mathcal{F}$ESTÍN BARROCO

1. Plaza de la Constitución
2. Iglesia de la Enseñanza
3. Colegio de Cristo (Museo de la Caricatura)
4. Colegio de San Ildefonso
5. Casa Tlaxcala
6. Iglesia de San Pedro y San Pablo
(Museo de la Luz, UNAM)
7. Iglesia de Loreto
8. Convento de la Encarnación
(Secretaría de Educación Pública)
9. Colegio adjunto al Convento de la Enseñanza
(El Colegio Nacional)
10. Antigua Aduana
(Dependencias de la SEP)
11. Palacio de la Inquisición
(Museo Histórico de la Medicina Mexicana)
12. Iglesia de Santo Domingo
13. Portal de los Evangelistas
14. Plaza de Santa Cecilia (Plaza Garibaldi)

Este niño, con una cesta cuajada de frutas sobre la cabeza y un león a sus pies, forma parte de la fachada de la casa de los condes de Heras y Soto, que es hoy sede del Consejo del Centro Histórico de la ciudad de México que conserva, entre infinidad de documentos fechados desde 1524, el Archivo Histórico del Distrito Federal, y el de los gobiernos de la capital del país.

Conventos, iglesias y colegios, forman parte del barrio antiguo de la capital que alberga a la Plaza de Santo Domingo, la segunda en Nueva España, a la que miraban el tribunal de la Inquisición, autoridad mayor en cuestiones de la fe, y la Aduana, centro principal del tráfico comercial. En la combinación de tiempos que caracteriza a la ciudad de México, veremos la iglesia de la Enseñanza, culminación del barroco, y también echaremos una ojeada a los murales que, sobre los restos de un antiguo convento, pintó, ya en el siglo XX, el singular artista Diego Rivera.

Iglesia de la Enseñanza
Donceles 104
Tiempo de recorrido: 15 minutos
Horario: Lunes a sábado de 7:30 a 20 horas; domingo de 10 a 14 horas

Atribuida al arquitecto Francisco Antonio Guerrero y Torres, su construcción, que abarcó de 1772 a 1778, tiene diversas peculiaridades que la hacen diferente a la mayoría de las iglesias de monjas: de las tradicionales dos portadas aquí sólo hay una, y el eje paralelo a la calle se convierte en transversal. El atrio es muy pequeño y la fachada remetida. En la portada, son notables las columnas ornamentadas con figuras geométricas y estrías en zig-zag, con enormes bases que ostentan asimismo formas geométricas, roleos y conchas. También son peculiares los nichos que anidan entre las columnas y las molduras (unas detrás de otras, como en eco) del tragaluz y la pequeñez de la Virgen del Pilar a la que se consagra el templo. El arco mixtilíneo –rúbrica de los barrocos, afirma De la Maza– de la puerta vale la pena de verse, así como el nicho central que se alarga haciendo desaparecer el entablamento y que culmina con unos roleos.

En los nichos del primer cuerpo, se encuentran dos esculturas, una del arcángel Miguel y la otra de Juan Nepomuceno, mientras los nichos del segundo nivel resguardan a Benito de

Nurcia e Ignacio de Loyola, pues a las órdenes fundadas por ellos son a las que estaban adscritas las monjas de la Enseñanza. Nótese que con el paso del tiempo, cobran importancia los fundadores de las órdenes. De ahí que sus representaciones vayan acompañando y a veces suplantando a las figuras propiamente religiosas, como los miembros de la Sagrada Familia y los santos tradicionales. El remate en forma de triángulo, figura geométrica que alude precisamente a la Trinidad, tiene a Dios Padre, Dios Hijo y una paloma que simboliza al Espíritu Santo.

En opinión de Maya Téllez, la remodelación hecha en 1912, bajo la responsabilidad del arquitecto Luis Olvera, reitera diversos motivos de la portada y sólo son originales "las tres molduras semejantes a gotas de agua al caer" en las grandes pilastras, también añadidas, que limitan la fachada.

Luego de la exclaustración de las monjas por las leyes de Reforma, el convento fue Palacio de Justicia, Archivo General de Notarías y oficinas de la Secretaría de Educación Pública.

El interior es la culminación del ultrabarroco novohispano que aquí entendemos, al modo de Justino Fernández, no como un retorno a la simplicidad, sino como culminación de la exuberancia. El personaje protagónico es la luz que reverbera en los dorados de los suntuosos retablos y que crea una obra distinta, según se mueve la mirada de los espectadores.

Como los feligreses entran por el lugar que ocupa el coro bajo en las otras iglesias de monjas, este coro ha emigrado y se refugia a uno y otro lado del altar mayor, donde las celo-

sías cumplen su función de impedir mirar a las profesas. Sobre cada reja, unos enormes lienzos: la Asunción y la Inmaculada. Dos óculos, cegados, con escenas del Antiguo Testamento. Un fresco que representa una alegoría de la Virgen del Pilar cubre la bóveda. En la calle central del retablo, de abajo hacia arriba: el Santísimo, la Virgen del Pilar, Ignacio de Loyola y Benito de Nurcia. Su forma abocinada y su verticalidad envuelven al espectador. Las esculturas –al parecer posteriores, del siglo XIX– que tienen la particularidad de ser de tela engomada, flotan en forma desordenada e imaginativa.

En su reducido espacio, la fachada de la iglesia de la Enseñanza invita a contemplar la originalidad y variedad de sus detalles arquitectónicos.

Enfrente: Tal vez lo más notable del interior de la iglesia de la Enseñanza sea que el coro se ha corrido de su lugar habitual y se ha dividido en dos para custodiar el altar. Sin embargo, disputan la atención, los gigantescos lienzos y el dorado deslumbramiento del retablo.

Colegio de Cristo
(Museo de la Caricatura)
Donceles 99
Tiempo de recorrido: 5 minutos
Horario: Lunes a sábado de 11 a 16 horas

Fundado en 1612 por don Cristóbal Vargas de Valdés, el Colegio de Cristo tuvo la categoría de Colegio Real. La falta de fondos, sin embargo, casi provocó su desaparición en 1774, por lo que en 1775 fue unido al Colegio de San Ildefonso por orden del monarca. En el Colegio de Cristo no se impartían cátedras, pero se le conocía con ese nombre porque ahí vivían, becados, estudiantes.

El edificio que se conserva fue construido entre 1770 y 1780 y se considera un ejemplo de casa del siglo XVIII. Además del pequeño patio, sobresale su portada barroca.

El Museo de la Caricatura se inauguró en 1987 y dedica una sala a su colección permanente con obra de los artistas del sarcasmo y la ironía, y otra a exposiciones temporales del Salón de la Plástica Mexicana.

Detalle de la fachada del Colegio de Cristo. Arriba, la quietud de su patio contrasta con la belicosidad de los artistas del Museo de la Caricatura.

Enfrente, según algunos estudiosos, en esta portada del Colegio Chico de San Ildefonso nació la pilastra estípite, apoyo del barroco mexicano.

Colegio de San Ildefonso
Justo Sierra 16
Tiempo de recorrido: 20 minutos
Horario: De martes a domingo de 11 a 18 horas. Miércoles de 11 a 21 horas

El Antiguo Colegio de San Ildefonso fue fundado, en el siglo XVI, por los jesuitas. En 1618, se fusionó con el entonces a punto de ruina Colegio de San Pedro y San Pablo. Aunque administradas por los frailes, estas instituciones educativas no eran exclusivamente para religiosos. San Ildefonso en particular era lo que hoy llamaríamos un internado, pues ahí vivían los estudiantes, aunque sus cursos los tomaban lo mismo en la Universidad que en el Colegio de San Pedro y San Pablo. En 1712 se inició un conjunto de ampliaciones que incluyeron la portada del llamado Colegio Chico. Nuevas obras se realizan alrededor de veinte años después y finalmente en 1749 se termina el edificio, atribuido al sacerdote jesuita Cristóbal de Escobar y Llamas, que se conserva hasta nuestros días, aun-

que con numerosas reformas. Expulsados los jesuitas de los reinos de España en 1767, el edificio se dedica a distintos fines hasta que en 1867, durante la República restaurada por Juárez, se crea la Escuela Nacional Preparatoria bajo los lineamientos positivistas de Gabino Barreda y al año siguiente inicia sus clases en el edificio de San Ildefonso, con la asistencia de más de 700 alumnos externos y 200 internos. El edificio se dedica hoy a museo.

Si desde el punto de vista arquitectónico es notable el Colegio de San Ildefonso, desde la perspectiva de la plástica tiene un valor histórico inigualado, ya que ahí se inició el movimiento muralista mexicano, cuyo eje, como advierte el crítico Armando Torres-Michúa, era crear "un arte monumental con fines políticos y de sentido acendradamente nacionalista y popular".

La entrada al edificio se ubica hoy en Justo Sierra, en una ampliación moderna, que incluye el anfiteatro después llamado Bolívar, terminado

en 1910, por el arquitecto Samuel Chávez, y el edificio que albergó a la Rectoría, concluido en 1931 por el arquitecto Pablo Flores. El conjunto intentó imitar el estilo barroco del resto del edificio, aunque, al decir de los críticos, son tantos los errores en la copia, que igualan al pecado artístico de intentar sólo una reconstrucción histórica.

Se accede así al vestíbulo que con su doble arcada de elaborado neochurrigueresco, da paso a la izquierda a los murales que Fernando Leal pintó al fresco entre 1931 y 1933 sobre el libertador Simón Bolívar con dos rasgos propios del muralismo: la temática histórica y la multitud de personajes.

En el interior del Anfiteatro Bolívar, después de subir la escalera, el mural a la encáustica de Diego Rivera, titulado *La creación*. A pesar de la mezcla de estilos y concepciones, ya muestra algunas de las características que habrán de distinguir el estilo riveriano: las amplias curvas para formar los cuerpos, los elementos mexicanistas aquí reducidos a unos cuantos detalles,

la estructura geométrica de la composición, la aglomeración, aquí todavía modesta, de los personajes y el contenido discursivo, entre otros.

Saliendo nuevamente, dando vuelta a la izquierda, se llega al patio del Colegio Grande y enfrente, del lado derecho, ya casi en la calle, se encuentra lo que fue el zaguán, donde veremos, de Ramón Alva de la Canal, *El*

El edificio que hoy alberga un museo de arte, fue durante décadas local de la Escuela Nacional Preparatoria. Por sus patios caminaron miles de estudiantes y entre ellos, sin duda, casi todos los intelectuales del país desde la Reforma hasta la primera mitad del siglo XX.

Enfrente: con influencias que llegaron al cine, la fotografía y otras disciplinas plásticas, es memorable la obra mural de José Clemente Orozco en el Colegio de San Ildefonso.

desembarque de los españoles y *La cruz plantada en tierras nuevas*, que es el primer mural al fresco (1922) de la nueva escuela de pintura, y aborda ya un momento de la historia mexicana.

En el muro de enfrente, *Alegoría de la Virgen de Guadalupe*, de Fermín Revueltas, quien precisamente cuando pintaba este mural protagonizó la quizás única huelga de un solo hombre, ya que al no recibir, durante varias semanas el pago acordado, llegó a la Preparatoria muy temprano, con algunas copas encima y una pistola con la que obligó al conserje a cerrar las puertas. Las clases se suspendieron porque ni estudiantes ni maestros pudieron entrar, hasta que David Alfaro Siqueiros, según cuenta él mismo, se entrevistó con el secretario de Educación, José Vasconcelos, y los sueldos atrasados fueron liquidados en monedas de oro que fueron consumidas en su totalidad por los dos pintores en la cantina más cercana.

Regresando al patio del Colegio Grande podemos iniciar la contemplación de los murales de José Clemente Orozco, realizados entre 1922 y 1927. Destaca aquí, tanto por la estructura de la composición, como por la fuerza dramática de la escena, *La trinchera*, que es sin duda una de las obras más reconocidas de Orozco.

Por la puerta de la izquierda de este mural se accede a un salón, gemelo de la capilla, conocido como El Generalito, por ser el salón general y tener pequeñas dimensiones para ese fin. En su interior se encuentra la obra escultórica más notable de San Ildefonso: la sillería que fuera del coro de la iglesia de San Agustín. Se trata de tallas en madera de suntuoso barroco, realizadas por Salvador Ocampo a mediados del siglo XVII, que fueron trasladadas a la entonces Preparatoria en 1890 y restauradas por "Nicolás Fuentes, viejo y excelente empleado de la Preparatoria". Ahí también puede verse una gran cátedra, original del Colegio y específicamen-

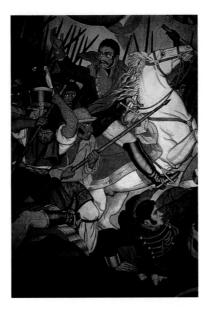

te de este salón, también espléndidamente tallada.

En el cubo de la escalera, de José Clemente Orozco, se despliega *El origen de la América Hispánica*. En el corredor del segundo piso, una violenta crítica contra el poder, englobada en el título general de *El viejo orden*, con la maestría satírica del artista.

En el muro de la derecha o muro sur de la escalera al tercer piso, del francés Jean Charlot, *La conquista de Tenochtitlan* que además de incluir por primera vez en el muralismo el tema histórico-indigenista, tiene la originalidad de haber incorporado incrustaciones de metal en los collares de los señores tenochcas. A la izquierda o muro norte *La fiesta del Señor de Chalma* de Fernando Leal, en el que los danzantes constituyen un lujo de color y el conjunto una muestra del neobarroquismo.

En el corredor del tercer piso, otra serie de murales de Orozco, cuyo tema general es *Los nuevos ideales*. Aquí el drama se intensifica gracias a una economía de colores.

Después de descender la escalera, hay que dirigirse a la derecha para pasar al segundo patio o Colegio de Pasantes. En el lado norte, una portada de piedra labrada da acceso a la que fuera la Capilla del Colegio, que se convirtió en biblioteca para la Preparatoria.

Regresando al zaguán, se sale a la calle peatonal de San Ildefonso, desde donde puede verse la que fuera la fachada principal, un largo muro de tezontle interrumpido por las ventanas y las pilastras o soportes adosados a la pared en un ritmo desigual y armonioso.

Destaca, en el extremo izquierdo, la portada de cantera del Colegio Chico, la sección más antigua, con sus pilastras estípites, que al decir de algunos críticos serían las primeras en Nueva España, antes incluso de las del Altar de los Reyes de Catedral.

En el interior, un pequeño patio del que arranca una sencilla escalera, en cuyo cubo David Alfaro Siqueiros realizó, a la encáustica y al fresco, un conjunto de murales entre 1922 y 1924. Desgraciadamente, en la restauración no fue posible recuperar el conjunto. Entre los bien conservados, quizá por haber sido pintado en el techo, se encuentra *Los elementos*, una composición que, si bien de orientación cientificista y no social como sería la preocupación central de su autor en años posteriores, tiene una excelente factura. Completan la serie *El llamado de la libertad*, *El entierro del obrero sacrificado* y *Los mitos*.

En pos de un ideal libertario, Simón Bolívar cabalga por las Américas, en esta obra del pintor Fernando Leal (1900-1964).

Enfrente, difícil será exagerar el carácter rotundo de estas formas en las que Orozco funda nuestra nacionalidad, al representar al capitán español Hernán Cortés unido a su intérprete indígena, la Malinche.

Páginas siguientes: aunque muchos críticos juzgan como un pecado juvenil y aun como ajeno a su obra posterior, este alegórico mural del Anfiteatro Bolívar ya permite vislumbrar rasgos que definirán el estilo de Diego Rivera.

Convento de la Encarnación (Secretaría de Educación Pública)

República de Argentina 28
Tiempo de recorrido: 30 minutos
Horario: Lunes a viernes de 9 a 20 horas

Ocupa el edificio que fue en tiempos de la Colonia el convento de la Encarnación, fundado en 1594 para españo-

Costado del antiguo Convento de la Encarnación que hoy ocupa la Secretaría de Educación Pública. En el interior del edificio se reitera el almohadillado de los muros del exterior.

Enfrente: Alfonso Reyes, Antonio y Alfonso Caso, el dominicano Pedro Henríquez Ureña y el propio José Vasconcelos, entre otros, integraron el grupo cultural conocido como la generación del Ateneo. Su amor a Grecia se manifiesta en estas figuras mitológicas que se añadieron a la fachada del edificio.

las y criollas por monjas concepcionistas. El templo, iniciado en 1639, fue dedicado en 1645. Con campanario recubierto de azulejos y "de bóvedas y fábrica suntuosa", como dice el cronista novohispano fray Agustín de Vetancurt, fue costeado, con 100 mil pesos que constituían una fortuna, por Alvaro de Lorenzana. Durante algún tiempo, ya en el siglo XX y debido a la vocación latinoamericanista del entonces secretario de Educación, José Vasconcelos, que también explicaría el cambio de nomenclatura de las calles de la zona aledaña, nombradas desde entonces como las repúblicas del subcontinente, ahí funcionó la Biblioteca Iberoamericana (Luis González Obregón 18), que fue trasladada en 1989, instalándose en su lugar oficinas de la Secretaría. En los años veinte, Roberto Montenegro pintó dos murales en su interior sobre la unión latinoamericana.

El claustro, del siglo XVIII, es obra de Miguel Costanzó, el más aguerrido de los neoclásicos. Sus enormes

proporciones, en las que se acomodaban las casitas individuales de las monjas, quienes disponían de una y hasta dos sirvientas, sorprendió con razón a la Marquesa Calderón de la Barca cuando lo visitó en 1840 hasta llegar a decir: "Este convento, en realidad, es un palacio" y comunicarles a las monjas que, de todos los conventos que había visto en Europa y en México, el de la Encarnación era "el más grande y magnífico de todos".

Transferidas las monjas a San Lorenzo en 1861, el convento alojó diversas escuelas, hasta que, al fundarse la Secretaría de Educación Pública en 1921, José Vasconcelos decidió ocuparlo para sede de la nueva dependencia. El ingeniero fue Federico Méndez Rivas y los escultores Manuel Centurión e Ignacio Asúnsolo. Del último son las figuras de Apolo, Minerva y Dionisio en la fachada principal. De Centurión, las alegorías de México, España, India y Grecia del primer patio, así como los relieves alusivos a las artes del segundo.

Al contrario de lo que muchos piensan, lo característico del arte comunista, como el de Rivera, no es su voluntad contestataria. Lo que lo distingue es su vocación constructiva. Un ejemplo es *La maestra rural*, con su propuesta alfabetizadora.

Páginas anteriores: juego de volúmenes con arcos y corredores de la Secretaría de Educación Pública. Las esquinas de los patios fueron achaflanadas y decoradas con bajorrelieves alegóricos de artes y civilizaciones.
A la derecha: Rivera siempre supo colocarse en el ojo del huracán. Causó escándalo este mural en que aparece la pintora Frida Kahlo, su esposa, repartiendo armas para la revolución proletaria.

Enfrente, nunca olvidaba Diego Rivera colocar, frente a los protagonistas, a los antagonistas: la alta burguesía. Este panel, pintado con justiciera saña, se titula *La orgía: la noche de los ricos*. Su contraparte es *El sueño: la noche de los pobres*.

En los corredores, Diego Rivera pintó, entre 1923 y 1928, 235 tableros que ocupan 1585.14 metros cuadrados. Deteriorados por el tiempo, se restauraron en 1993 y hoy nuevamente lucen su colorido. De acuerdo con los temas abordados, Rivera tituló al primero el Patio del Trabajo y al segundo el Patio de las Fiestas.

El corredor del primer piso o planta baja es el dedicado específicamente al trabajo. Desde el punto de vista plástico, puede afirmarse que se trata de una exploración, particularmente lograda, en la estructura de una compleja composición. Por sólo mencionar algunos casos, nótense, empezando por la derecha, los arcos y los maderos del panel *Entrada a la mina*, o el trabajador que reproduce la figura de una Crucifixión mientras lo revisan, en el panel *Saliendo de la mina*. Como ejemplo del sentido del movimiento que distinguirá a Rivera, hay que ver *El trapiche* del corredor norte, donde los trabajadores parecen danzar. En el cubo del elevador, resalta *El baño de Tehuantepec* y, por el

manejo de la línea curva, la *Escena de mercado*. Un complicado y perfecto juego de planos, en *Los tejedores*, y *Los tintoreros*, ambos también en el corredor norte.

En el pasillo de enfrente, el sur, destacan dos páneles que han sido juzgados como excepcionales, *La liberación del peón* y *La maestra rural*, ambos con temas vinculados ya a la Revolución Mexicana. También con un gran ritmo, *La fundición: Abriendo el horno*. En este pasillo arranca la escalera que también fue decorada por Rivera con murales dedicados al paisaje de México.

El segundo nivel del Patio del Trabajo fue dedicado a las tareas intelectuales. Entre las grisallas que representan La Química, La Medicina, La Geología, La Electricidad o Los Rayos X, destaca el fino humor de El Trabajo, en que una diosa de varios brazos a la manera hindú, sostiene una hoz y un martillo, símbolos a la vez del esfuerzo creador y del comunismo. Por cierto que es notable que en muchos de los murales de la Secretaría,

Diego incluyó, junto a su firma, y como señal de su filiación al Partido Comunista en aquellos años, el emblema de la hoz y el martillo en pequeñas dimensiones.

En el cubo de la escalera del tercer nivel, en el panel titulado *El pintor, el escultor y el arquitecto*, éste último está representado con el que Rivera consideraba uno de sus mejores autorretratos. En este nivel, vale la pena mencionar, por el significado que tiene para la propia obra riveriana, que la grisalla dedicada a la pintura incluye cuatro elementos: el sol, como representación de la luz, el arcoiris que aporta el color, el hombre y la geometría. Es pues una expresión sintética de su concepción (y su práctica) de la pintura.

Si pasamos en este tercer nivel al segundo patio, el llamado de las Fiestas, lo primero que encontramos en el corredor sur es el panel titulado *El arsenal*, en el que la figura central es un retrato de Frida Kahlo repartiendo armas a los revolucionarios, y también puede reconocerse, en el extremo izquierdo del mural, el rostro del pintor David Alfaro Siqueiros. En general, este nivel está dedicado al Corrido, que se representa en los letreros que coronan y entrelazan los murales.

Descendiendo al segundo nivel del Patio de las Fiestas, se encuentran los escudos de los estados de la república, pintados por Jean Charlot y por Amado de la Cueva. En el primer nivel de este patio encontramos los motivos que le dieron nombre: *La danza del venado*, *La fiesta del maíz*, *Mítines del 1o. de mayo*. En *Día de muertos* aparece ya la que será una típica composición del artista, con sus planos geométricos y la aglomeración de las figuras. En lo temático, se distinguen

Con la intención de formar una galería de martirologio laico, Rivera retrata a varios héroes de la lucha popular. A esa serie pertenece *Emiliano Zapata, mártir*.

Aunque similar la composición y colorido al anterior, este panel de *Las Tres Gracias*, que lleva como subtítulo *El mantenedor*, forma conjunto con los dedicados a *Las ciencias* y *Las artes*.

Enfrente, la fachada del Colegio Nacional.

en el rectángulo superior, la trilogía popular: el campesino, el soldado revolucionario y el obrero, así como la trilogía negativa (acompañada aquí, obviamente por necesidades de la composición, por una cuarta calavera) integrada por el clero, el militarismo y el capitalista. Notables por su colorido y perfecta composición, son *Viernes de Dolores en el canal de Santa Anita* y *La danza de los listones*.

En el muro norte del Patio de las Fiestas colaboraron otros dos pintores. Jean Charlot con *Lavanderas* y *Los tamemes* (Los cargadores); Amado de la Cueva, con *El torito* y *La danza de los Santiagos*.

Colegio adjunto al Convento de la Enseñanza (El Colegio Nacional)

Luis González Obregón 23
Tiempo de recorrido: 3 minutos
Horario: Lunes a viernes de 10 a 16 horas

A semejanza de la Academia Francesa, El Colegio Nacional reúne a 40 inmortales –una sola mujer– de las Ciencias, las Artes y la Filosofía. Su edificio era el Colegio adjunto al Convento de la Enseñanza y adoptó su aspecto actual en 1871. Después fue Palacio de Justicia y Colegio de Ciegos. En el sexenio de Cárdenas, albergó a las Juventudes Socialistas Unificadas y es sede del Colegio Nacional desde su fundación: el 8 de abril de 1943. En el salón de actos, escenario de las ceremonias públicas de recepción de los nuevos miembros, se solían ofrecer los cursos libres –a los que compromete su ingreso– antes de que la descentralización desperdigara las conferencias en foros más acordes con la especialización de cada académico.

**Antigua Aduana
(Dependencias de la SEP)**
Brasil 31
Tiempo de recorrido: 5 minutos
Horario: Lunes a viernes de 9 a 18 horas

Centro económico de importancia fundamental durante la Colonia y hasta el siglo XIX, fue la Antigua Aduana, en tanto el comercio externo fue ramo principal de la economía y con él las alcabalas que representaron la mayor fuente de ingresos para el Estado. El cobro de tal impuesto en la Nueva España se inicia en 1558 y sus oficinas se establecen en una casa que fue de la Marquesa de Villamayor en la calle que se conocería como de la Vieja Aduana.

El edificio de la Plaza de Santo Domingo se inició en 1729, durante el gobierno del marqués de Casafuerte, contra la opinión de las monjas de la Encarnación, quienes habían querido comprar el solar para agrandar su propio convento y además temían la presencia de salteadores atraídos por las mercancías depositadas en la

Aduana, así como que el nuevo edificio les quitara luz. La obra fue sufragada por el Consulado que, como era común en aquellos tiempos, tenía arrendado el impuesto desde 1639, y el arquitecto fue Joseph Eduardo de Herrera. Tanto era el tráfico, que en 1777 fue necesario ampliar el edificio y aunque tenía la ventaja de contar con dos fachadas, que permitían que las recuas de mulas entraran por una puerta y salieran por la otra, la confusión reinaba en la Plaza de Santo Domingo que, justamente por la presencia de la Aduana, fue durante muchas décadas sitio de coches de alquiler. Advierte por ejemplo el criollo Juan de Viera, quien fuera administrador del Colegio de San Ildefonso, que "es tanto el tráfago que para no ser atropellados, toman muchos el partido de cortar por otra parte para correr a sus negociaciones".

En el hoy sosegado edificio de la Antigua Aduana, destinado a oficinas de la Secretaría de Educación Pública, después de haber albergado a la Tesorería del Distrito Federal, desta-

ca la escalera que de manera inusual sirve a la vez para unir los dos majestuosos patios de altas columnas. En su cubo, David Alfaro Siqueiros inició en 1946 y terminó, debido a interrupciones, hasta 1971, el mural *Patricios y patricidas.* En él, Siqueiros recubrió de masonite los muros a fin de integrar los espacios y con una compleja estructura en la composición le otorgó el dinamismo que caracteriza a su estilo.

Después de una restauración que ha abarcado a casi todo el Centro Histórico, la Antigua Aduana, hoy también parte de la Secretaría de Educación Pública, recuperó su viejo esplendor.

Enfrente, el círculo y la elipse que obsesionan al pintor están presentes en *Patricios y patricidas* de Siqueiros, el más experimental de los Tres Grandes muralistas mexicanos.

Palacio de la Inquisición (Museo Histórico de la Medicina Mexicana)

Brasil 123
Tiempo de recorrido: 15 minutos
Horario: De 9 a 18 horas

El Tribunal del Santo Oficio se estableció en la Nueva España en 1571. Señalan los historiadores, con razón, que su esencia de policía política se muestra en el hecho de que, no obstante que en la nueva posesión española se habían celebrado autos de fe, comandados por frailes de diversas hermandades, sólo se establece de manera oficial la Inquisición, cuando la llamada Conjura de Martín Cortés pone en peligro el poder real al protagonizar, en 1566, el primer intento de independizar la recién conquistada colonia. Fue entonces cuando, denunciado por Baltazar de Aguilar Cervantes el plan de entronizar al marqués del Valle, el hijo de Hernán Cortés, se inicia una cacería de brujas que lleva al potro de tortura a numerosos criollos y a condenas en que el visitador Muñoz hace gala de excepcional rigor. Los primeros ajusticiados serían los apuestos hermanos Alonso de Avila Alvarado y Gil González de Avila Alvarado, cuya galanura intensifica la compasión de los vecinos y de los cronistas, cuando no sólo son decapitados, sino se ordena destruir hasta los cimientos de su casa, ubicada sobre parte del espacio que ocupaba el Templo Mayor de los mexicas, y cubrir el terreno con sal.

Otros casos terribles tuvo la Inquisición en su haber. Entre ellos, la condena de la familia Carbajal por observar la religión judía. El caso de Martín Villavicencio, alias Martín Garatuza, inspiraría más tarde una de las más célebres novelas del siglo XIX. También prisionero en las cárceles del Santo Oficio, estuvo fray Servando Teresa de Mier, y ese tribunal condenó al sacerdote Morelos, fundador de la patria mexicana, a la degradación y a la excomunión, poco antes de que fuera fusilado en 1815. La Inquisición desaparece al juzgar a los independentistas de México, pues poco después, en 1820, cesó definitivamente de operar el tribunal.

Al margen de su destino, el edificio de la Inquisición es uno de los más hermosos y originales del Virreinato. Su diseñador, Pedro de Arrieta, fue Maestro Mayor de la Nueva España, constructor de la Catedral Metropolitana, de la iglesia de la Profesa y de otra docena de obras, antes de ser nombrado Maestro Mayor de Arquitectura y Albañilería de la Inquisición. Uno de los más talentosos entre los barrocos y el más influyente de los arquitectos del siglo XVIII murió, en la miseria, un año después de haber terminado, en 1737, el edificio de la Inquisición, por cuyos trabajos Arrieta ganaba dos pesos diarios.

Desde el punto de vista artístico, dos son los rasgos más notables del diseño de Arrieta. El primero es ochavar o achaflanar la esquina y colocar en ella la entrada, con lo que conseguía, como él mismo lo subrayó, que la fachada principal diera a la Plaza de Santo Domingo y que dos calles convergieran en su entrada. Tan acertada era la propuesta de Arrieta que cuando se sometió a aprobación de los arquitectos Miguel Joseph de Rivera y Antonio Alvarez destacaron que el edificio gozaría así "de una y de otra calle y de toda la plazuela" y quedaría "con notable hermosura y con la novedad de singularizarse por única en este reino". Curiosamente, este hallazgo arquitectónico serviría más tarde para nombrar, siempre con un halo de terror, al Palacio inquisitorial, que durante la Colonia se conoció como la Casa Chata.

El otro aspecto notable del edificio se encuentra en el patio, de planta cuadrangular, en cuyas esquinas unos arcos volados fueron el asombro de los contemporáneos y sucesivos visitantes, porque al no asentarse sobre columnas como los demás parecen colgar del techo como un *pendantif*. Mirándolos de cerca, puede verse que en realidad se trata de arcos cruzados —cuyos apoyos se encuentran en los pilares adosados a la pared y en las primeras columnas de cada lado— que descienden en el cruce.

Extinto el Tribunal del Santo Oficio, el edificio se destina a diversos fines, y en 1838 se pone a la venta pública por almoneda y nadie le llega al precio, hasta que, después de once intentos, lo compra el arzobispado, que, finalmente, en 1854, lo vende para la Escuela de Medicina, que había peregrinado de local en local, hasta llegar al punto de que las clases se dieran en casa de los profesores y sin que éstos recibieran retribución alguna. Se realizan entonces diversas reformas y se instala allí el internado, en una de cuyas habitaciones habría de suicidarse, envenenándose, en 1873, el poeta romántico Manuel Acuña, desairado en amores por Rosario de la Peña. En 1879, además de otros cambios, se transforma la antigua capilla en Academia de Medicina y se levanta el tercer piso, por lo que se derriba el remate que decoraba la fachada y en el que alguna vez estuvo el escudo de la Inquisición. Ya en este siglo, en 1933, el arquitecto José Villagrán García construye el auditorio en lo que fuera el Patio de los Naranjos. Sumamente deteriorado el edificio y en un tiempo incluso a punto de caerse los famosos arcos volados, ya trasladada la Facultad de Medicina a Ciudad Universitaria, se decidió restaurar el edificio, tarea que concluyó en 1980. Poco después, en 1982, se le reincorporó lo que fuera el edificio de las Cárceles Perpetuas que, debidamente modificado, se utiliza como teatro y en un tiempo para alojar a profesores visitantes.

En las salas que rodean el patio principal en la planta alta se puede visitar el Museo de la Historia de la Medicina Mexicana y en la planta baja se encuentra la Botica de Essesarte, que fue adquirida a una familia de médicos de ese nombre, y que reproduce un establecimiento típico del siglo pasado.

Enfrente: La imagen nos permite ver dos originales aciertos del arquitecto Pedro de Arrieta: la portada ochavada y los arcos colgantes del interior. Páginas siguientes: resulta paradójico, que el antiguo terror de entrar a la Inquisición se haya cambiado por placer estético.

Iglesia de Santo Domingo

Plaza de Santo Domingo
Tiempo de recorrido: 10 minutos
Horario: De 8 a 20 horas

Del primer convento sólo resta, aunque renovada, en un costado de la plaza, la capilla del Señor de la Expiración, que podría ser una de las capillas posas. La segunda iglesia se construyó entre 1556 y 1571. La tercera, la que hoy vemos, se comenzó en 1717 y se acabó en 1737. En el primer cuerpo de la portada, dos esculturas de san Agustín y san Francisco están en sus nichos colocadas entre dos columnas, y una tercera, también corintia, está un poco atrás. En estas columnas, los tercios superiores tienen estrías ondulantes, mientras el primer tercio ostenta una decoración que se reitera sobre el portón y en la vecina base del segundo nivel. Un relieve en

Páginas anteriores: la fachada, así como el interior e incluso el costado del templo de Santo Domingo valen el escrutinio atento del visitante. Su virgen de Covadonga convoca a la colonia española residente en México.

cantera representa a santo Domingo de rodillas recibiendo de san Pedro las llaves del cielo, y de san Pablo, el libro de las Epístolas. Sobre este conjunto, el Espíritu Santo. En el tercer cuerpo, otro relieve con el tema de la Asunción de María en medio de dos grandes ventanas que prestan luz al coro. Su torre culmina en un pináculo piramidal cubierto por azulejo de talavera, material que muchos consideran como privativo del barroco mexicano. En la fachada lateral, en un curioso relieve, santo Domingo y san Francisco sostienen literalmente a la iglesia de Letrán.

En el interior, el retablo mayor es neoclásico, obra de Manuel Tolsá. En el lado izquierdo del crucero, el altar dedicado a la Virgen de Covadonga. En su ancha calle central destacan, en el primer nivel, un gran nicho con la Virgen; en el segundo, un conjunto escultórico que representa el Calvario; en el tercero, un óleo con la Coronación de María y en el remate, la cruz de la victoria de la batalla de Covadonga entre dos ventanas. Las calles laterales, con dos óleos en cada una de ellas, culminan con el escudo de Castilla y el emblema de la orden de los dominicos. Relieves de santos

junto con tallas de ángeles y querubines completan el barroco conjunto. En el lado derecho del crucero, el retablo de la Virgen del Camino. Sus joyas son un Descendimiento y *Santo Domingo en Soriano*, atribuido a Alonso López de Herrera, el Divino, así como las esculturas estofadas de Pedro Mártir y Vicente Ferrer. La capilla del Rosario es neobarroca de 1946.

Portal de los Evangelistas

Plaza de Santo Domingo
Tiempo de recorrido: 5 minutos

Una sobria columnata toscana y los arcos de medio punto que les sirven de desembocadura, distinguen a este portal que desde el siglo XIX aloja a los escribanos públicos que redactan, por módicos precios, las cartas de sus iletrados clientes. Sirven, así, de improvisados abogados, confidentes de amor, mensajeros de mala o buena salud y consultores de finanzas. A ellos se han sumado modestas y más actuales imprentas. Una estatua de la heroína de la Independencia, Josefa Ortiz de Domínguez, realizada en 1900 por Enrique Alciati, preside la plaza de Santo Domingo, la segunda en importancia durante el virreinato.

Desde principios de siglo le viene el giro de escritorio público a la Plaza de Santo Domingo.
Arriba, Plaza de Santo Domingo, fuente de la Corregidora.
En la página opuesta: "Viajero detente" has llegado a la segunda plaza de la Nueva España.

Plaza de Santa Cecilia
(Plaza Garibaldi)

Eje Central Lázaro Cárdenas, entre
Honduras y Perú

Nunca soñó esta plaza de barrio que se convertiría en el centro de la vida nocturna del primer cuadro de la ciudad. La popularidad de las serenatas auspiciada por las películas de charros creció tanto que las agrupaciones de mariachis buscaron un lugar –y lo encontraron en las afueras del Tenampa, donde desde los años veinte se presentaba el mariachi de Cirilo Marmolejo– para ofrecerse a llevar serenatas bajo algún balcón. Animados por unos tragos de tequila, los enamorados decidían emular la estrategia de conquista impuesta en el cine por Tito Guízar, Jorge Negrete, José Alfredo Jiménez o Pedro Infante. Con el tiempo, además de los mariachis, han ido llegando a la Plaza desde tríos y conjuntos jarochos, hasta bandas gruperas. Una moderna estación del Metro y estatuas de los grandes charros cantores adornan la plaza más popular de la ciudad. Hoy, quizá muy pocos contraten una serenata, pero allí mismo, entre muchas canciones, rodeados de bares, cantinas, centros nocturnos, y hasta alguna pulquería, los trasnochadores, con una copa en la mano, escuchan en vivo sus canciones favoritas por un módico precio que sube o baja según avanza la noche y se pierde el equilibrio.

Los protagonistas de Garibaldi.

Enfrente arriba, un detalle del Teatro de la Ciudad; inaugurado en 1918 y restaurado en 1976, nació para el lucimiento de Esperanza Iris, una de las divas del teatro mexicano. Abajo, este edificio neorrenacentista, con portada de chaflán, ha sido sucesivamente Teatro Iturbide (1856), Cámara de Diputados (1873) y hoy Asamblea de Representantes del Distrito Federal.

117

*M*ADERO, EL *M*ELEGANTE DESFILE DE LAS DAMAS

República de Cuba — **Luis G. Obregón**

DONCELES — DONCELES

AV. HIDALGO

Palacio de Bellas Artes

REPÚBLICA DE CHILE — PALMA — REPÚBLICA DE BRASIL

REPÚBLICA DE GUATEMALA

TACUBA

Catedral Metropolitana

5 DE MAYO

AV. JUÁREZ

MADERO

LÓPEZ — GANTE — BOLÍVAR — MOTOLINIA — PALMA

EJE CENTRAL LÁZARO CÁRDENAS — CONDESA — FILOMENO MATA — ALLENDE — ISABEL LA CATÓLICA — MONTE DE PIEDAD

1. Plaza de la Constitución
2. Iglesia de la Profesa
3. Casa Borda (Museo Serfin)
4. Hotel Ritz
5. Bazar de Fotografía Casasola
6. Palacio de Iturbide
   (Fomento Cultural Banamex)
7. Iglesia y ex convento de San Francisco
8. Antigua Casa de los Azulejos (Sanborns)
9. Edificio Central de Correos
10. Plaza Manuel Tolsá
11. Palacio de Comunicaciones
    (Museo Nacional de Arte)
12. Palacio de Minería
13. Capilla del Hospital de Betlemitas
    (Museo del Ejército)
14. Iglesia de Santa Clara
    (Biblioteca del Congreso)

La calle de Madero que vamos a recorrer es una de las más antiguas de la capital, pues su existencia data de principios de la Colonia en que recibió el nombre de San Francisco por el gigantesco convento que los franciscanos construyeron ahí, aunque más tarde sus dos primeras calles, a partir de la Plaza Mayor, recibirían el nombre de Plateros, cuando una orden virreinal obligó a los artesanos de ese gremio a establecerse en un solo sitio, con el fin de evitar lo que hoy llamaríamos la evasión de impuestos, pues al parecer estos artífices eran

especialmente hábiles para escaparse del pago de diezmos y derechos reales. El establecimiento de tiendas de lujo, convirtió a la hoy avenida Madero en lugar preferido de paseantes que allí iban a lucir trajes, sombreros, mantillas, abanicos y carruajes, y a efectuar esa ceremonia galante en que las mujeres aprovechan la devoción, como ocasión propicia para atisbar a los enamorados, mientras los hombres disfrutan el doble placer de ver y comentar el disimulado desfile de las damas.

Nuestra ruta continúa hacia 5 de Mayo, otra hermosa vía del centro histórico, y luego a la calle de Tacuba, para visitar la majestuosa Plaza Tolsá y magníficos edificios de su entorno.

Iglesia de la Profesa
Madero e Isabel la Católica
Tiempo de recorrido: 20 minutos
Horario: Lunes a sábado de 8 a 20 horas;
domingo de 8:30 a 20 horas; Pinacoteca:
Domingos de 12 a 14 horas

Estación predilecta para esa ocupación mundana de ver y dejarse ver fueron siempre las puertas de la iglesia de la Profesa, que en realidad no

se llama así, y en cambio tiene otros dos nombres, San José el Real y San Felipe Neri. La profusión de nombres proviene de su historia, que se inicia cuando los jesuitas solicitan licencia en 1578 para establecer ahí una casa de profesos, solicitud que despierta la animadversión de otras órdenes de religiosos quienes entablan un litigio que termina en 1595 con el triunfo de los jesuitas. La iglesia, iniciada en 1597 y concluida 13 años después, es consagrada el 31 de julio de 1610 de manera simultánea a la beatificación de Ignacio de Loyola. De esa construcción sólo quedan vestigios en un techo estilo mudéjar, (que puede verse hoy en la prolongación del coro hacia las naves laterales) ya que la gran inundación que sufrió la ciudad en 1629 y que mantuvo sus estragos durante tres años, obligó, como en el caso de muchos edificios de la ciudad, a rehacer el templo. Una nueva re-

Mármol, alegorías y cariátides, elementos preferidos por la arquitectura ecléctica décimonónica, en el remate de la esquina noreste de Isabel la Católica y Madero.

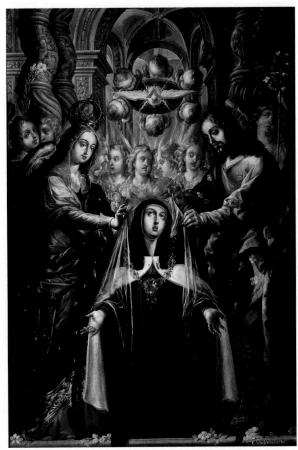

construcción se realiza en 1720. Poco después de que los jesuitas son expulsados de España y sus dominios, en 1767, se entrega la iglesia a los frailes filipenses, quienes la dedican a oratorio y de ahí el nombre de San Felipe Neri. El nombre oficial, sin embargo, con el que el marqués de Croix, entonces Virrey, la entrega, en 1768, a los nuevos dueños, es el de San José el Real. De cualquier modo, el pueblo, que siempre manda en

El espacioso interior de La Profesa más convoca a la reunión política que a la oración. A la derecha: además de su pinacoteca, guarda obras maestras como la *Visión de Santa Teresa*, de Cristóbal de Villalpando:

Enfrente: incuestionable en su barroco, la fachada de la iglesia de La Profesa desmiente su neoclásico interior.

asuntos de costumbre, le siguió llamando La Profesa y así se le conoce hasta nuestros días.

Entre los acontecimientos históricos escenificados en esta iglesia, dos merecen mencionarse. El primero es la llamada precisamente *Conspiración de la Profesa*, movimiento conservador que paradójicamente desembocó en la consumación de la Independencia de México, y en la entronización de Agustín de Iturbide como emperador. El segundo acontecimiento político que tuvo por escenario a La Profesa es la rebelión llamada de los Polkos, cuando dos regimientos de jóvenes aristócratas se niegan a ir a defender Veracruz de la invasión estadounidense en 1847. El título de polkos les viene tanto del apoyo que en términos objetivos significaron para el presidente Polk de Estados Unidos, como de su afición a bailar polka en grandes saraos, tanto que dicen las habladurías que en medio

del alzamiento se sirvieron banquetes en el patio de La Profesa.

La iglesia que se ha conservado hasta nuestros días es la que construyó, en 1720, el arquitecto Pedro de Arrieta. De esta época data la fachada de la calle de Isabel la Católica que es la principal y que los críticos consideran una de las obras más valiosas del barroco de transición que se ubica entre el sobrio o moderado de principios del siglo XVII y el muy exuberante que florece en el siglo XVIII.

En el interior, se observan reminiscencias góticas en los haces de columnillas sobre las que descansan los arcos interiores, mientras el altar principal pertenece al estilo neoclásico, puesto que se debe a la mano de Manuel Tolsá (1757-1816).

En el interior de la iglesia hay que mencionar la escultura de la Purísima debida también a Tolsá, ubicada en el corredor de la derecha. A la entrada de la iglesia, a cada lado de la

1. La Cárcel del Infierno.
...ræ vectes concluserunt me in æternun. *Ionæ.* 27.

puerta, se encuentran la *Virgen del Rosario* y la *Visión de santa Teresa*, de Cristóbal de Villalpando, uno de los más célebres entre los pintores novohispanos y considerado expresión del auge del barroco. Muy arriba del altar del Perpetuo Socorro, hay que admirar una *Crucifixión* de José Juárez.

La pinacoteca anexa dispone de un valioso acervo de pintura novohispana, en el que merecen destacarse un *Ecce Homo* de Cristóbal de Villalpando, una versión del Infierno de autor desconocido pero inscrita en la tradición bruegeliana, una recordación de la muerte con una mujer cuya mitad es una calavera, así como, ya entre los neoclásicos, el Padre Eterno de Pelegrín Clavé, que fue lo único que se salvó de la cúpula pintada por este artista después del incendio de 1914.

Casa Borda (Museo Serfin)
Madero 33
Tiempo de recorrido: 15 minutos
Horario: Martes a domingo de 10 a 17 horas

Exhibe una pequeña colección de indumentaria indígena y algunos trajes de la Colonia. Particularmente interesante es lo que podría describirse como un diccionario del bordado y el arte plumario, pues ahí se muestra, al lado de cada una de las formas, su significado simbólico.

La casa que alberga al museo fue construida por José de la Borda en el siglo XVIII, y aunque sólo se conserva la fachada, puede mirarse parte del balcón que este famoso minero quería construir alrededor de su propiedad, la cual debía ocupar una calle por lado, a fin de poder recorrer la manzana desde lo alto sin salir de su casa.

Un detalle de *Las penas del infierno*, bruegeliana obra anónima en la pinacoteca de la Profesa.

Enfrente: antes de entrar al Museo Serfin, hay que fijarse en el balcón que la vanidad de su primer propietario, José de la Borda, soñó con extender para dar la vuelta a la manzana sin salir de su casa.

Un bazar para adquirir imágenes tomadas por las cámaras de la célebre dinastía de fotógrafos Casasola.
Arriba, un fragmento del lienzo de Miguel Covarrubias que adornó durante mucho tiempo el bar del Hotel Ritz;
se le puede ver en el restaurante que hoy ocupa ese espacio.

Enfrente: Ayer Plateros o San Francisco, hoy Francisco I. Madero, siempre un elegante paseo para las damas.

Hotel Ritz
Madero 30
Tiempo de recorrido: 10 minutos

En lo que antaño fue el bar de este tradicional hotel, y hoy ocupado por un restaurante, se encuentra un mural que recrea un paseo por Xochimilco de la autoría de Miguel Covarrubias (1904-1957). La escena tiene de todo, deliberado primitivismo, dejo vanguardista y humor de monero, todo en el estilo del célebre pintor y caricaturista que fuera asiduo colaborador de *Vanity Fair*, una de las revistas más longevas y leídas del periodismo estadunidense.

Bazar de Fotografía Casasola
Madero 26, primer piso
Tiempo de recorrido: 5 minutos
Horario: Lunes a sábado de 10:30 a 19 horas

Pueden admirarse –y comprarse– reproducciones del famoso archivo de fotografía, principalmente sobre la Revolución Mexicana, iniciado por el reportero gráfico Agustín Víctor Casasola a finales del siglo pasado y continuado por sus hijos.

Palacio de Iturbide
Madero 17
Tiempo de recorrido: 5 minutos
Horario: De 10 a 19 horas

La suntuosa residencia, que es considerada la más alta expresión del barroco en la aquitectura civil novohispana, nunca fue propiedad del militar y político Agustín de Iturbide (1783-1824), sino de Miguel de Berrio y Saldívar, Conde de San Mateo Valparaíso y Marqués de Jaral de Berrio, rico minero y ganadero, Alcalde Mayor y Corregidor de la Ciudad de México, quien, según contaban las malas lenguas de la época, mandó construirlo a todo lujo a fin de que su costo igualara el importe de la dote de su hija y de esta manera evitar que su yerno, el Marqués de Moncada, a quien consideraba un manirroto, la gastara con menor provecho. El nombre se debe a que precisamente el Marqués de Moncada alojó en él a Agustín de Iturbide, quien, después de la conjuración de La Profesa, salió de aquí para ser coronado Emperador de México.

El diseño de la obra se debe a Francisco Antonio Guerrero y Torres, (1727-1792) quien, sin embargo, no pudo terminarlo, debido a que por esos mismos días se desplomó el zaguán de otra casa de los Condes de

Memorables exposiciones organizadas por Fomento Cultural Banamex ha presenciado este patio.

Enfrente, difícil evitar las palabras tradicionales de filigrana de piedra para referirse a la portada del Palacio de Iturbide.

San Mateo Valparaíso que también les estaba construyendo, y el Conde despidió al arquitecto. La obra fue continuada por su cuñado, el sobrestante –maestro de obras– Agustín Durán, quien siguió cuidadosamente los planos. El Palacio fue prestado a la Escuela de Minas y en 1855 fue adaptado para un hotel que al decir de Manuel Rivera Cambas tenía cientos de cuartos "que se pueden reunir para formar habitaciones de una hasta diez piezas de varios precios... buena fonda, salón de baños, sastrería, caballerizas, alumbrado de gas, campanas eléctricas, criados inteligentes y todo cuanto necesita un establecimiento de su clase". En 1965, fue adquirido y restaurado por el Banco Nacional de México.

Excepcional es, entre las construcciones domésticas de la época, la altura del Palacio de Iturbide, ya que tiene en realidad cuatro pisos, puesto que el primero se divide por un entre-

suelo. Como muestra de una inclinación italianizante en el barroco que domina el conjunto, puede observarse el tercer piso formado por dos torreones en los extremos y una galería o *loggia* en el centro que ahora está cerrada, pero en su tiempo era abierta, formando un mirador.

La profusión de cantera labrada que se prodiga en toda la fachada combina elementos de carácter orgánico y geométrico. En las gigantescas pilastras que flanquean la puerta, la imaginación se desborda en las pequeñas sirenas aladas de doble cola y en los bellos atlantes que coronan la portada.

En el interior, el rasgo monumental del palacio se reitera en la bóveda del zaguán y el arco que da paso al patio, trabajado igualmente con elementos geométricos. En la actualidad, en el Palacio de Iturbide la Fundación Cultural Banamex organiza exposiciones temporales.

Iglesia y ex convento de San Francisco
Madero 7
Tiempo de recorrido: 20 minutos
Horario: De 7:30 a 20 horas

Tras los arcabuces de las huestes de Cortés, llegó la conquista espiritual de los frailes. Los primeros fueron los franciscanos y será a ellos a quienes habrá de otorgarse el más grande convento en toda la historia de Nueva España. En el siglo XIX, la superficie del convento de San Francisco abarcaba 32 mil 224 metros cuadrados. Lo que queda de él, hoy puede visitarse fragmentado, disperso. En Madero 7, están la Capilla de Balvanera y en su interior la Iglesia de San Francisco; en la actual Pastelería Ideal, en la calle de 16 de Septiembre número 14, lo que resta de la Sala de Profundis; en Gante 7, el Claustro del antiguo convento, y en la esquina que forman Venustiano

Carranza y el Eje Central Lázaro Cárdenas, la que fue la Capilla de San Antonio, la cual, por cierto, existe todavía por el fortuito hecho de que, en un momento en que se jugó su suerte, más costaba derrumbarla que dejarla en pie.

Los franciscanos fueron los primeros en solicitar al Papa la autorización para convertir infieles en el mundo recién hallado. A la postre habrían de venir 12 frailes, encabezados por Fray Martín de Valencia, por lo cual se les conoce como Los Doce, número que sugiere, por supuesto, el de los apóstoles que acompañaban a Cristo. Hay que aclarar que a estos frailes, originarios de Flandes, se sumaron otros dos franciscanos que habían llegado con Hernán Cortes, por lo cual puede decirse que los Doce eran catorce. Eligieron para zarpar un día que podríamos llamar, con desacato, cabalístico, el 25 de enero, el de la Conversión de San Pa-

blo. Frente a la riqueza de la Iglesia, que aumentó con su participación en el surgimiento del sistema bancario, los misioneros franciscanos opusieron la exaltación de la pobreza, tesis que les costó diversas persecuciones y hasta la hoguera. Los Doce, entre los que venía Fray Toribio de Benavente, conocido después como Motolinia, seguían la que hoy llamaríamos la línea dura o más austera de San Francisco.

El primitivo convento tenía en el patio una cruz, que, se cuenta con asombro, era más alta que la torre más alta de la ciudad y que tuvo su origen en un ciprés "criado en el Bosque de Chapultepec". Ahí, se cree, fue levantado el segundo templo, luego de que el primero se hundió por culpa del acuoso terreno. Sin embargo, la iglesia de San Francisco que conocemos tampoco es ésta, sino la tercera, pues la segunda se hundió igualmente.

Además del Palacio de Comunicaciones, el arquitecto italiano Silvio Contri también diseñó el edificio para las oficinas y tienda de High Life, en Madero y Gante.

A la derecha las portadas contiguas de la iglesia de San Felipe de Jesús, neogótica, y la de San Francisco, barroca. El convento de San Francisco ocupó los terrenos de la que fuera la Casa de las Fieras de Moctezuma Xocoyotzin, donde el gobernante mexica tenía, aves, zorros, tigres, gatos y hasta seres humanos, como una familia de albinos. A pesar de ser el mayor de Nueva España, el convento de San Francisco sólo llegó a ocupar una parte del terreno del zoológico, donde únicamente para alimentar a las aves se contaba con 300 servidores.

Enfrente, el remozado Pasaje Iturbide, que con sus bazares de antigüedades y librerías comunica a las calles de Bolívar y Gante.

Muchas vicisitudes vivió el convento de San Francisco, en él se refugiaron el conde de Galve y su esposa cuando el motín de 1692, y ahí llegó, disfrazado, el marqués de Gelves, cuando su pleito con el arzobispo en 1624. Ahí se realizaron, en 1838, las honras fúnebres de Agustín de Iturbide y se ofició en 1559 una misa por la imaginada (y falsa) muerte de Hernán Cortés en las Hibueras. Ahí también había sido el *Te Deum* por la Consumación de la Independencia, luego de que el Ejército Trigarante –unos 16 mil– desfiló por la calle de San Francisco, hoy Madero, con Iturbide al frente. En 1861, también los balcones fueron ocupados por elegantes damas que saludaban con sus pañuelos y arrojaban coronas y flores al paso del ejército liberal que, al mando de 25 mil soldados, encabezaba González Ortega.

La iglesia que sobrevive hasta nuestros días, se comenzó a construir el 4 de noviembre de 1710 y se terminó seis años después. Aunque todo mundo la llama de San Francisco, la verdad es que la fachada que se asoma a Madero es la de la Capilla de Balvanera y a través de ella se ingresa al templo de San Francisco, cuyas portadas han quedado, una tapiada, y la otra cubierta. Nos referiremos, entonces, a la fachada de la Capilla de Balvanera que es la que verá el visitante. Construida en 1766, no se sabe a ciencia cierta quién es su autor, aunque algunos expertos aventuran la hipótesis de que podría haber sido Lorenzo Rodríguez, el mismo al que debemos el Sagrario Metropolitano. Para la especialista Elisa Vargas Lugo, la Capilla de Balvanera es, por su movimiento y riqueza formales, un paso más allá que el Sagrario y la portada de la Santísima, que es también obra

Despojada la iglesia de San Francisco de sus originales retablos, nuevos altares se construirán en el siglo XVIII. La nave y el altar mayor de San Francisco; arriba, el altar de la Virgen de Guadalupe en la capilla de Balvanera.

Enfrente: el retablo principal, a despecho de sus abundantes dorados, es de factura relativamente reciente, y reproduce un dibujo del altar anterior, realizado por Gerónimo Antonio Gil, primer director de la Academia de San Carlos.

Páginas siguientes: las fachadas del templo de San Francisco y de la Casa de los Azulejos.

excepcional. Retiradas sus estatuas durante el tiempo en que el recinto se entregó al culto de la Iglesia evangélica, conserva, en cambio, otros elementos decorativos juzgados inocuos, como los roleos, hojas y flores. Sus columnas estípites tienen, en los cubos, medallones. En el interior, hay un retablo del siglo XVIII traído de otra iglesia y dedicado a la Virgen de Guadalupe, y una entrada –dejada por los restauradores– de lo que fue la Capilla de la Segunda Estación del *Via Crucis*, la cual quedó cubierta cuando se construyó la capilla dedicada a la Virgen de Balvanera. Una vez que se atraviesa esta última capilla y luego de subir unos escalones se ingresa a la iglesia de San Francisco. Su retablo, que sustituyó al anterior barroco, es obra reciente y reconstruye, gracias a un dibujo del mismo autor, el del neoclásico Jerónimo Antonio Gil.

Para rastrear otro fragmento del convento de San Francisco, hay que ir a la Pastelería Ideal, donde, además de los bien conservados muros que pertenecieron a la Sala de Profundis, hay que admirar, en el segundo piso, una original exposición de cerca de 200 pasteles para bodas, 15 años, primeras comuniones o cumpleaños infantiles, obras todas de ese arte efímero que es la repostería que linda con la cursilería, pero también con la cultura popular.

En el número 5 de las calles de Gante, luego de cruzar una portada neogótica que carece de interés, se ingresa al templo metodista de la Santísima Trinidad, donde se puede contemplar, perfectamente conservado, el que fuera el antiguo y hermoso claustro, en dos pisos, del convento de San Francisco. Hay que tomar nota de que sólo puede visitarse de 8 a 18 horas, previa autorización.

MARIA
MADRE
DE
DIOS

Antigua Casa de los Azulejos (Sanborns)

Madero 4
Tiempo de recorrido: 10 minutos
Horario: 7:30 a 23 horas

Dos versiones se disputan el origen de su actual aspecto. La más confiable supone que la quinta condesa del Valle de Orizaba, quien vivió en Puebla, retornó a la capital, luego del fallecimiento de su marido, y remodeló, allá por 1737, la casa de su mayorazgo a la usanza poblana: con azulejos. La otra, habla de un joven de vida disipada, quien cambia su conducta, en un gesto de desafío, cuando su padre le reitera que con ese tipo de vida "no harás tú casa con azulejos". Ese local albergó a principios de siglo al aristocrático Jockey Club, cantado por el poeta Manuel Gutiérrez Nájera, y hoy, a Sanborns, por donde ha desfilado todo México, incluidos los zapatistas.

Ventanas, balcones y puertas están enmarcados por cantera labrada y los muros cubiertos por los azulejos que le dan nombre en los colores tradicionales de China: el blanco y el azul marino. El patio tiene una fuente desgraciadamente mutilada, pero como las columnas, hermosa. El barandal, sobre el patio, es de manufactura china. El conjunto tiene un aire oriental o mudéjar, que es como se llama al arte musulmán aclimatado en España. Al fondo, la escalera, monumental, tiene lambrines también de azulejos y, en el primer descanso, uno de los primeros murales de José Clemente Orozco: *Omnisciencia* (1925). Las tres figuras son simbólicas: una, representa los valores masculinos; la otra, las cualidades femeninas, y los preside la Gracia. El magnífico torso, llama la atención el cronista y poeta Salvador Novo, fue repetido por el artista en su *Prometeo* del Pomona College. En el segundo piso, la portada de lo que fue la capilla y unos espejos de marcos dorados con ángeles valen la breve subida.

La restauración y remodelación a que se sometió la Casa de los Azulejos le devolvió mucho de su atmósfera original y recuperó los elementos decorativos que se le añadieron en este siglo.

Una de las calles que se ha ido abriendo paso poco a poco, derrumbando casas, conventos y hasta un teatro es la actual Av. 5 de Mayo, bautizada así en 1862; para que alcanzara la longitud y anchura que hoy vemos habrían de pasar 400 años. Su historia comenzó dentro de las Casas de Cortés, en el callejón llamado de la Olla que, en medio de aquel enorme predio iba a desembocar en el costado oriental de Catedral. A principios de 1600, la incipiente avenida se prolongó hasta Isabel la Católica; en la década de 1860 creció otro poco, ahora hasta Bolívar y, en los primeros años de 1900, cuando se derrumbó el Teatro Principal se pudo asomar hasta la Alameda, pues apenas se cimentaba lo que sería el Palacio de Bellas Artes.

En las páginas siguientes: fachadas y detalles de edificios que aportan personalidad a la Av. 5 de Mayo: Edificio Guardiola, Banco de México, Ferrocarriles Nacionales de México, Edificio París.

En el Bar la Opera los caudillos revolucionarios brindaron por su llegada a la capital.

Nunca se muestra más que México es una nación pluricultural que cuando se dispone a gustar de los dulces mexicanos. La unidad nacional, sin embargo, aparece de cuerpo presente en la calavera de azúcar. ¿Gusta usted, disolver en la boca uno de estos gallitos de almendra?

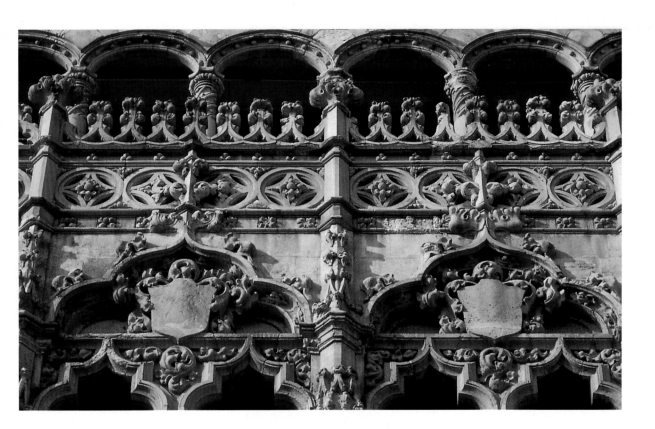

Edificio Central de Correos

Tacuba y Eje Central Lázaro Cárdenas
Tiempo de recorrido: 15 minutos
Horario: Lunes a viernes de 8 a 24 horas;
sábado de 8 a 20 horas

Se trata de una obra conjunta entre el arquitecto italiano Adamo Boari, el mismo que diseñó el Palacio de Bellas Artes que se ve enfrente, y el ingeniero mexicano Gonzalo Garita. Su sólida estructura de acero, montada sobre una enorme parrilla del mismo material, no sólo ha resistido los fuertes temblores registrados desde su construcción en 1908, sino que no sufrió el hundimiento que sí ha afectado al propio Bellas Artes y al Palacio de Minería del cual lo separa ya un metro 30 centímetros.

La combinación de estilos ha llevado a los críticos de arte a clasificarlo como ecléctico y para algunos incluye en primer lugar al plateresco y junto con él elementos góticos y mudéjares, mientras para otros sería una mezcla de renacimiento italiano y gótico isabelino. El complicado juego que diferencia las ventanas de cada uno de los pisos y al mismo tiempo les otorga unidad por medio de la repetición de los arcos, se complementa con la delicada galería del cuarto piso, formada por delgadas columnas salomónicas y la crestería de filigrana que rodea todo el edificio.

La original marquesina de la puerta principal, así como las ménsulas de bronce que sostienen los faroles de la iluminación, recuerdan el amor por el metal del *Art nouveau* tan de moda en la primera década de este siglo. En el interior, los mármoles de los pisos y repisas, se combinan con la cancelería de bronce y fierro elaborada por la casa Pignone, de Florencia. Especial mención merece la escalera cuyas dos rampas separadas desembocan en una meseta para dar una vuelta y llegar a una segunda meseta común en donde parecen cruzarse para dar lugar a dos nuevas rampas que caminan en sentidos opuestos. El trabajo de los barandales y escalones, así como los faroles, cuyas bombillas son todavía las originales de cristal de Murano, constituyen sin duda uno de los mejores ejemplos del arte de la *Belle Epoque*.

Esta *loggia* o corredor abierto pertenece al Edificio Central de Correos. Aunque es obra del siglo XX, reúne tantos estilos anteriores que escapa a la clasificación.

Enfrente, la piedra de chiluca casi transparente del Palacio de Correos adopta los colores de la luz.

Páginas siguientes: ¿un *palazzo ducale* de Venecia o un alcázar árabe? No. El ecléctico Palacio de Correos en el Centro Histórico de la ciudad de México. A la derecha, en el interior de Correos, escaleras que son un desafío a la arquitectura y a la imaginación.

Plaza Manuel Tolsá

Tacuba y Xicoténcatl
Tiempo de recorrido: 10 minutos

Regresando por la misma calle de Tacuba, pero esta vez hacia el Poniente, se llega a la Plaza Manuel Tolsá, que en 1979 recibió este nombre en honor del talentoso arquitecto neoclásico, a partir de que se trasladó ahí una de sus más bellas esculturas, El Caballito, nombre popular que minimiza intencionalmente al perso-

El ex Palacio de Comunicaciones, sede del Museo Nacional de Arte.

Enfrente, parece que el Caballito encabeza un desfile mientras a su espalda marcha la neorrenacentista fachada del palacio porfiriano de Comunicaciones.

Páginas anteriores: el Caballo de Tolsá, con todo y su jinete Carlos IV, ha galopado por la Plaza Mayor, la Universidad, el Paseo de Bucareli. Está, por el momento, en la Plaza de Manuel Tolsá.

naje representado, Carlos IV de España, cuya estatua fue mandada esculpir en 1796 por el Marqués de Branciforte, virrey de la Nueva España, calificado por el cronista Artemio de Valle-Arizpe como "el más vil y más bribón que hubo en México". Podría decirse que la estatua ha cabalgado por la ciudad, ya que, colocada en primer lugar, al develarse en 1803, en la Plaza Mayor enfrente del Palacio Nacional, fue primero cubierta y después trasladada al patio de la Universidad, en 1824, pues se temieron acciones en su contra después de consumada la Independencia, ya que el caballo del soberano español aparece pisando un carcaj con flechas, simbolizando la derrota indígena. Ahí permaneció hasta 1852, cuando otro neoclásico, Lorenzo de la Hidalga, le fabricó un nuevo pedestal y la estatua fue trasladada a la confluencia de Avenida Juárez y Paseo de la Reforma, aunque no en el centro de la glorieta, sino un poco al Sur, a fin de cumplir el gusto del Presidente Mariano Arista, quien deseaba poder verla desde el Palacio Nacional.

Palacio de Comunicaciones
Museo Nacional de Arte

Tacuba 8
Tiempo de recorrido: dos horas
Horario: Martes a domingo de 10 a 17:30 horas

Del mismo modo que los ferrocarriles, impulsores del desarrollo nacional, caracterizaron al Porfiriato, las estructuras de hierro dieron su tinte distintivo a los palacios de la época. Vueltos los ojos al exterior, el porfirismo se conformó con postular una combinación de estilos más que la creación de uno propio. En este rescate, que no disimulaba su afán exotista, pues arrancaba detalles llamativos a las más diversas culturas, lo más característico eran las líneas de la antigüedad griega y romana, vistas a través de la Academia, pues se pretendía que lo clásico estaba más allá de la historia. La propuesta no es inocente: escondía la idea de que, como toda dictadura, la de Díaz era, como los edificios que le servían de espejo, inmóvil, permanente, inmortal, en otras palabras, transhistó-

rica, como propone la investigadora Juana Gutiérrrez Haces.

Donde estuvo, en la época colonial, el Hospital de San Andrés se construyó la Secretaría de Comunicaciones y Obras Públicas. La obra se inició en 1904 y se terminó en 1911. Paradójicamente, esta imagen del porfirismo fue inaugurada por Francisco I. Madero, el iniciador del movimiento revolucionario que derrocó a Díaz. Este local habría de albergar en años más recientes al Archivo General de la Nación y, a partir de 1982, al Museo Nacional de Arte, Munal.

Su proyecto se debió al ingeniero Manuel Marroquín y Rivera (1865-1927) y al arquitecto Silvio Contri, quien fue italiano por nacimiento, y luego, por adopción, norteamericano y mexicano sucesivamente. Le debemos, además, el edificio de High Life y el antiguo del periódico *Excélsior*. El palacio no fue obra sólo de ellos: la decoración se confió a los Coppedé, familia florentina encabezada por el padre, Mariano, y secundada por los hijos: Gino, Adolfo y Carlo, responsable este último de las pinturas del edificio. A los Coppedé se deben la herrería, el mobiliario original, el asombroso labrado de la madera, las lámparas y hasta las perillas de las puertas, es decir, la fastuosa ornamentación del edificio. Como en todas las obras del porfirismo, casi nada recayó en manos mexicanas. La estructura metálica vino de Nueva York; el alumbrado y la calefacción también de Estados Unidos, y los elevadores de Milán; el hierro de Florencia.

El edificio está desplazado hacia atrás, colocación que permite la vista completa de su fachada neorrenacentista, así calificada por sus líneas clásicas. Tan equilibrado es su exterior, que las 13 ventanas de cada piso se distribuyen armoniosamente 1-3-1-3-1-3-1, en secciones intercaladas con hundimientos y realces.

El interior es a la vez moderno y lujoso. El diseño de flores y formas geométricas en bronce de sus puertas se aprecia mejor si se observan a contraluz, de adentro hacia afuera. En el vestíbulo, lo más notable es la doble escalera curva de mármol con un ventanal semicilíndrico en el fondo. Al cruzar el vestíbulo se encuentra el Patio de los Leones, donde dos estatuas de estos animales, uno de ellos dormido, flanquean una pequeña escalera; el armonioso conjunto de columnas, cornisas y faroles de

El friso renacentista enmarca esta alegoría, obra de Carlo Coppedé: *La paz*, entre la guerra y el bucólico paisaje mexicano, levanta en sus brazos los símbolos de la victoria.

En la página opuesta. Goce para los sentidos: el mármol gastado de los escalones, la herrería que se curva y se finge vegetal. Atrás, como quien dice en el envés de la escalera, casetones de oro. Todo ello al entrar al Museo Nacional de Arte.

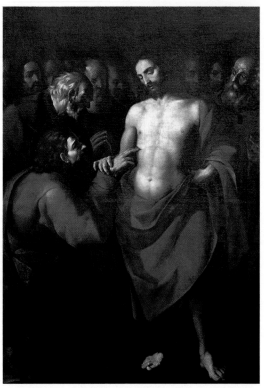

este patio merecen una mirada atenta. De regreso al vestíbulo para ascender a los niveles superiores, mirando hacia arriba se puede gozar el labrado y dorado del envés de la escalera, coronada en el techo del tercer nivel con una alegoría de *La paz desterrando a la guerra*, pintura en forma de abanico y enmarcada con casetones y flores doradas.

En el último piso, precedida por un salón de espera, está la Sala de Recepciones, amueblados ambos espacios con piezas originales del edificio. El lambrín es, documenta Schroeder Cordero, de mármol de Siena; las pilastras –en blanco y oro– salen

Un fragmento de *La anunciación* de Baltazar de Echave Orio y, a la derecha, *La incredulidad de santo Tomás*, un excepcional claroscuro de Sebastián López de Arteaga.

Enfrente: el patetismo, manifiesto en la inclinación del cuerpo y la expresión del rostro, predomina igualmente en el paisaje de fondo de esta *Crucifixión*, también de Sebastián López de Arteaga.

del lambrín y, en busca de la armonía clásica, se distribuyen en número par, de dos en dos. Sobre cada una de las cinco puertas, con cristales opacos y enmarcadas con madera tallada, hay una pintura simbólica. En el techo está la *Alegoría del progreso* –el gran dios del siglo XIX– que hace extraño maridaje con las gasas académicas; en medio de la filigrana porfirista, se abre espacio a símbolos nacionales, como la bandera, o de la modernidad, como el teléfono y las chimeneas fabriles.

Otra pintura alegórica con el tema de las Comunicaciones se encuentra en el *plafond* del Salón de Telégrafos; las figuras femeninas flotando en medio de nubes representan sorpresivamente a las ondas hertzianas. En este anexo, situado en el costado oriente del inmueble principal, se dio el servicio telegráfico hasta 1998, cuando se pudo desmontar la central y el área que ocupaba, casi la mitad del palacio, se integró al museo.

MUNAL exhibe una magnífica colección de arte plástico producido en México durante los últimos cinco siglos. Con lo mejor de sus trabajos, se

podría decir, están presentes los artistas más sobresalientes de nuestro país, quienes crearon su obra dentro de las tendencias en boga o, alguna vez, abrieron caminos de vanguardia.

La muestra de pintura virreinal se caracteriza por los grandes formatos, puesto que las obras fueron concebidas para observarse a la distancia que obligan los retablos en los que estuvieron originalmente integradas. Aunque es un tema que se debate hasta hoy, sus modelos fueron la pintura española, la italiana y la de Flandes. De la primera provenía la emoción barroca; de la segunda, el amor al detalle; de la tercera, la composición, la impasibilidad e incluso la fuerza de los cuerpos. Sumado lo anterior a lo que, a falta de mayor precisión, pero indudable presencia, hay que aceptar como exuberancia indígena. La técnica, prácticamente única, es el óleo, pues la otra, el fresco, se reservó a los muros conventuales.

Con la intención de difundir la fe, pretendiendo seguir la ortodoxia, rehuyendo la originalidad y a veces supliendo con lo que hoy llamaríamos contrato de exclusividad con una de

terminada orden religiosa, se reiteraban códigos establecidos, pues el arte novohispano era ajeno al individualismo. Se copiaban portadas de libros, grabados o pinturas de otros autores, principalmente europeos. Los retablos eran obra de equipo. La forma de organización en gremios no era distinta de aquellas de zapateros, panaderos o plateros. En talleres, a las órdenes de un maestro, los aprendices ingresaban, la mayor parte de las veces, por lazos familiares. Se formaban, así, dinastías de pintores. Durante años se pensó en un solo Echave, hasta que la matusalénica extensión de su vida, condujo a una indagación que desembocó en la existencia de tres generaciones: Echave Orio, el abuelo; Echave Ibía, el padre, y Echave y Rioja, el nieto. A estos nombres habría que sumar el del también pintor Francisco de Zumaya, suegro del primero. Otro tanto sucede con los Rodríguez Juárez, quienes tuvieron como abuelo a José

El retrato de *Dolores Tosia de Santa Anna* (1855), de Juan Cordero.

Arriba, una digna museografía para exhibir la colección de arte más importante de México.

Juárez y como bisabuelo a Luis Juárez; hay que añadir que el primero fue suegro y maestro de Antonio Rodríguez. Los Lagarto, al parecer, eran tres, y los Correa, seis. De todos ellos hay ejemplos en la colección.

Otro aspecto interesante de los pintores de entonces es que solían realizar avalúos para testamentos y efímeros arcos triunfales para la llegada de los virreyes, así como corozas, que an unos gorros de forma cónica, y sambenitos (derivado de "sacos benditos") que empleaba la Inquisición en sus autos de fe y que, en palabras de Francisco de la Maza, eran "unas camisas amarillas, pintarrajeadas de diablos, llamas, lagartos y culebras".

Destaca la obra de Echave Orio; sus contrastes –supone Toussaint– parecen proceder de Venecia, mientras el modelado de las musculaturas lo convierte en heredero del flamenco Martín de Vos. *La visitación* y su *Anunciación* prueban el porqué de la

admiración a este artista. De las joyas de este caudal, las de Andrés de Concha no son las menores. De Sebastián López de Arteaga merecen mencionarse *La incredulidad de santo Tomás*. Notable por su claroscuro, el *Cristo en la Cruz* y los *Desposorios de la Virgen*, con aires rafaelescos.

En el siglo XVIII, con la llegada de la Academia, los temas religiosos se comenzaron a secularizar, es decir, se volvieron civiles y, por lo tanto, profanos. El retrato de *Manuel Tolsá*, de Rafael Ximeno y Planes, permite echar una mirada al rostro del arquitecto neoclásico que transformó el rostro de la ciudad de México.

Otras salas, también presentadas en orden cronológico, son de interés. Entre otras bellas obras que alberga el Munal hay que mencionar las esculturas *Desespoir* (1900) de Agustín L. Ocampo, *Malgré tout* de Jesús F. Contreras (1866-1902) y *Après l'orgie* (en el vestíbulo), de Fidencio L. Nava (1869-1938). Las tres son figuras

El encantador óleo *Bodegón con piña* (1877), del guanajuatense Hermenegildo Bustos.

Arriba: José María Velasco presentó al público este *Valle de México, tomado desde el cerro de la Magdalena* en 1875.

finiseculares a las que puede reprochárseles la ductibilidad de sus materiales –ya sea el mármol o la ideal belleza femenina– hermosos ya antes de ser tocados por la mano del artista. No faltan las pinturas académicas de excelente factura como las de Pelegrín Clavé (1810-1880). Hay cuadros impresionistas de Joaquín Clausell (1866-1935) y modernistas, con una fantasía que se acerca al simbolismo o anticipa a los surrealistas, como los de Julio Ruelas (1870-1907). Para comprender la obra del artista popular Hermenegildo Bustos, hay que recordar que antes de la invención de la fotografía, el retratista tenía la función principal de fijar el recuerdo, talento que Bustos puso al servicio de sus paisanos guanajuatenses. Para los admiradores del paisaje, el plato fuerte será la colección de José María Velasco quien, por consenso, es catalogado como el mejor paisajista en las historias del arte mexicano. De Saturnino Herrán

(1888-1918) se puede ver *La ofrenda*, una bella escena costumbrista que introduce la piel morena, ignorada hasta entonces por el arte. Otro gran paisajista, de brillante colorido y

La ofrenda (1913), uno de los excepcionales óleos de Saturnino Herrán.

Enfrente: al dejar el Museo Nacional de Arte, nos espera una de las obras maestras del neoclásico, el Palacio de Minería.

Páginas anteriores. En académica pintura, Leandro Izaguirre (1867-1941) revive la tortura del último gobernante azteca: *El suplicio de Cuauhtémoc* (1892), obtuvo la Medalla de Oro en la Exposición Universal de Chicago.

emotivas pinceladas, es el vulcanólogo Gerardo Murillo, el Dr. Atl (1875-1964), del que, entre otros cuadros, se puede admirar *Nubes sobre el valle de México*. Imprescindibles son las muestras de caballete de los Tres Grandes –Diego Rivera, José Clemente Orozco y David Alfaro Siqueiros–, sin faltar muestras de Rufino Tamayo, el otro magnífico maestro mexicano.

Lo anterior es apenas una probadita, pues sin la observación directa, resulta casi ocioso reseñar toda la obra y calidad de la colección del MUNAL que, hasta 1998 ocupaba sólo una parte del edificio. Después de un riguroso trabajo de proyectos y realización, el museo muestra hoy su colección con una estupenda museografía en los espacios que fueron del Palacio de Comunicaciones.

Palacio de Minería
Tacuba y Filomeno Mata
Tiempo de recorrido: 10 minutos
Horario: Lunes a viernes de 7 a 21 horas

En la acera de enfrente de El Caballito, el majestuoso Palacio de Minería. Absurdo es en arte sostener que un estilo supera por sí mismo a otro, pues cada uno representa una propuesta artística con sus propias normas y significados; sin embargo, es un hecho que la crítica de arte en México ha considerado necesario vilipendiar al neoclásico como medio para mejor exaltar al barroco. Tal actitud, quizá, se debe a que el neoclásico surge acompañado por las rígidas normas establecidas por la Academia de San Carlos, que inició sus labores en la Nueva España en 1781, aunque

fue formalmente fundada hasta 1785. Cumpliendo, pues, una suerte de venganza contra los iconoclastas, que literalmente hicieron leña de los altares barrocos, nuestros críticos contemporáneos, con una actitud semejante, aunque con el blanco opuesto, les asestan toda clase de adjetivos peyorativos a las obras neoclásicas, que son acusadas de frías y hasta mediocres.

Lo cierto es que el arte neoclásico es la expresión de las ideas racionalistas del siglo XVIII que en nuestro entorno constituyen el fermento de la gran revolución que desemboca en la Independencia del país. Es, además, la primera expresión de la modernidad, y en este sentido del surgimiento de una vida civil autónoma frente al orden regido por la religión del que es testimonio el grandioso arte barroco. Válido, pues, como estilo artístico, el neoclásico tiene ejemplos de indiscutible valor, uno de los cuales es el Palacio de Minería.

Diseñado y construido de 1797 a 1813 bajo la dirección del arquitecto valenciano Manuel Tolsá, quien era responsable de Escultura en la Academia de San Carlos, el Palacio se erigió para albergar al Colegio del "importante ramo de la Minería". Como señal, pues, del nuevo ascen-

Una de las portadas laterales y la fachada del Palacio de Minería.

En la página opuesta, los espacios interiores del edificio son otro gran logro del arquitecto valenciano Manuel Tolsá.

diente de la vida civil y en particular de la rama de la producción de mayor peso en la Nueva España.

Quizá el rasgo más sobresaliente de la fachada es la esbeltez del edificio, conseguida a través de las líneas horizontales que recorren todo el pri-

mer piso y le otorgan movimiento, así como por la interrupción de las tres portadas, de las cuales la principal adquiere gran altura, pues su primer cuerpo abarca el piso bajo y el entresuelo, y se remata con un frontón que se recarga sobre el amplio cubo del observatorio. La balaustrada con macetones, que recorre toda la fachada y el techo del observatorio, le confiere ritmo y señorío.

Atravesando el vestíbulo se llega al gran patio en cuyo lado sur arranca la escalera monumental que es una de las partes más bellas del edificio. El corredor que rodea el vacío de la escalera da acceso a lo que fuera la capilla y que hoy es salón de conferencias. La profusión de mármoles y dorados denotan el lujo propio del gremio, que parece sobreponerse a la sobriedad neoclásica. En donde estaba el altar, entre las esculturas de San José y Nicolás de Tolentino, patrón de los mineros, se conserva una imagen de la *Virgen de Guadalupe*, óleo de Rafael Ximeno y Planes. Los muros con casetones en la parte superior reciben el *plafond* con dos pinturas al temple, *El milagro del pocito* y *La Asunción de la Virgen*, también de Ximeno y Planes, que constituyen la única obra mural que se conserva de este pintor neoclásico.

163

Capilla del Hospital de Betlemitas (Museo del Ejército)

Filomeno Mata y Tacuba
Tiempo de recorrido: 15 minutos
Horario: Martes a sábado de 10 a 18 horas; domingos y días festivos 10 a 16 horas

El hospital de Betlemitas debe su nombre a que estos frailes eligieron como patrona a la Virgen del Belén. Tenía una escuela para niños de donde surgió la atroz norma de "la letra con sangre entra", una casa para mujeres desvalidas honestas (había otra para "desengañadas" o descarriadas), pero su función principal era la de servir de hospital a los convalecientes a los que atendía "con aseo y

El Museo del Ejército se instaló en la que fuera la capilla del Hospital de Betlemitas. Por su parte, la Biblioteca del Congreso, a la derecha, ocupa la antigua iglesia de Santa Clara.

En la página opuesta, el Café Tacuba o la tradición gastronómica mexicana.

a veces con magnificencia". Primero fue privativo de españoles, luego se abrieron salas para indios, negros y mulatos, además de una para sacerdotes. En 1820 quedaron suprimidas las órdenes hospitalarias, entre ellas los betlemitas. El edificio, de un barroco sobrio muy modificado, ha tenido diversos usos. Fue sede del Colegio Militar, de las monjas de la Enseñanza Nueva o de Muchachas Indígenas, de la Escuela de Prácticas de Medicina Lancasteriana, del valiente periódico antirreeleccionista *Diario del Hogar* de Filomeno Mata y del Museo Tecnológico Industrial. En sus salas pueden verse, entre las cotas de malla, las dispares armas de españoles e indígenas durante la Conquista, las empleadas en la Guerra de Independencia o en la Revolución. No faltan las pistolas de duelos ni la remembranza de las invasiones extranjeras, como la estadunidense y francesa del siglo pasado. En la sala 5, un sucinto recorrido histórico de la Fuerza Aérea Mexicana.

Iglesia de Santa Clara (Biblioteca del Congreso)

Tacuba 29
Tiempo de recorrido: 5 minutos

Siguiendo por la calle de Filomeno Mata hacia el Norte, llegamos a la calle de Tacuba y dando vuelta a la derecha está la Biblioteca del Congreso que fue, en tiempos virreinales, la Iglesia de Santa Clara, perteneciente al convento de monjas Clarisas Urbanistas.

Clasificada por el crítico Manuel Toussaint como parte del barroco, pero "tan austera que raya en herreriana", fue terminada en el año de 1661. Después de la exclaustración de las monjas, decretada por las Leyes de Reforma, la iglesia fue utilizada para los más diversos fines, desde tienda de abarrotes hasta cantina que llevó el nombre de La Constancia, hasta que fue rescatada por la XLV Legislatura y destinada, en 1963, a albergar la Biblioteca del Congreso de la Unión.

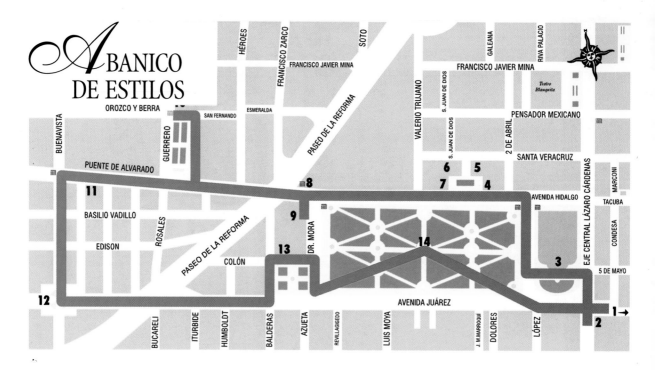

$\mathscr{A}$BANICO DE ESTILOS

Map labels: OROZCO Y BERRA, BUENAVISTA, GUERRERO, SAN FERNANDO, ESMERALDA, HÉROES, FRANCISCO ZARCO, FRANCISCO JAVIER MINA, SOTO, PASEO DE LA REFORMA, VALERIO TRUJANO, S. JUAN DE DIOS, FRANCISCO JAVIER MINA, GALEANA, RIVA PALACIO, Teatro Blanquita, PENSADOR MEXICANO, 2 DE ABRIL, SANTA VERACRUZ, PUENTE DE ALVARADO, BASILIO VADILLO, ROSALES, EDISON, PASEO DE LA REFORMA, COLÓN, DR. MORA, EJE CENTRAL LÁZARO CÁRDENAS, MARCONI, TACUBA, AVENIDA HIDALGO, CONDESA, 5 DE MAYO, AVENIDA JUÁREZ, BUCARELI, ITURBIDE, HUMBOLDT, BALDERAS, AZUETA, REVILLAGIGEDO, LUIS MOYA, J.M.MARROQUI, DOLORES, LÓPEZ

1. Plaza de la Constitución
2. Torre Latinoamericana
3. Palacio Nacional de Bellas Artes
4. Iglesia de la Santa Veracruz
5. Museo Nacional de la Estampa
6. Museo Franz Mayer
7. Iglesia de San Juan de Dios
8. Hotel Cortés
9. Iglesia de San Diego (Pinacoteca Virreinal)
10. Iglesia de San Fernando y Panteón de los Hombres Ilustres
11. Palacio del conde de Buenavista (Museo de San Carlos)
12. Monumento a la Revolución
13. Museo de la Alameda. Mural de Diego Rivera
14. Alameda central

A las ciudades en pequeño que son los conventos las sustituyen las parroquias, iglesias en soledad, que ofrecen un nuevo aspecto arquitectónico. A esta nueva etapa eclesiástica la acompañó un arte doméstico y suntuoso, prueba hogareña del auge de la minería novohispana. Igual pretensión de lujo tuvo el porfirismo al crear sus palacios de mármol en cuyos muros dejarían testimonio de su iracunda crítica los muralistas del siglo XX.

Ni jardín geométrico al modo italiano, ni desordenado al estilo inglés

Enfrente, entre las columnas del Palacio de Bellas Artes, se asoma la Torre Latinoamericana.

o romántico, el Paseo de la Alameda invita a la siesta al aire libre o al espectáculo –cercano al merolico medieval– de entrada igualmente libre. Enfrente, la Alameda se refleja en el más develador de los espejos, el arte. Esta vez con el onírico retrato imaginado por Diego Rivera. A unos pasos, la pintura virreinal, llamada en un momento –más con el ánimo de la recuperación que con el de la exactitud– Escuela Mexicana, exhibe su esplendor de gran formato.

Torre Latinoamericana
Madero y Eje Central Lázaro Cárdenas
Tiempo de recorrido: 10 minutos
Horario: De 8 a 24 horas

El edificio más alto de la ciudad de México, obra del ingeniero Adolfo Zeevaert, tiene 44 pisos, mide 181 metros con 33 centímetros y su sistema de construcción, que le permite oscilar en vez de ofrecer resistencia, fue diseñado para una zona sísmica. El tiempo ha demostrado su eficacia, pues en efecto soportó, sin daños, el violento temblor que vivió la ciudad en 1985 y que destruyó cientos de edificios. Desde el mirador puede observarse, en días con poco smog, la enorme mancha urbana.

Palacio Nacional de Bellas Artes
Avenida Juárez y Eje Central Lázaro Cárdenas
Tiempo de recorrido: 20 minutos
Horario: Martes a domingo de 10 a 18 horas

Como expresión del Porfiriato, el Palacio de Bellas Artes, concebido como Teatro Nacional, se inscribe en el eclecticismo propio del fin de siglo, en el afrancesamiento característico de ese régimen y específicamente en el *art nouveau*. La obra, iniciada en 1904, fue interrumpida por la lucha armada y después de esfuerzos infructuosos por reanudarla, su arquitecto, Adamo Boari, abandonó el país en 1916. Sería hasta 1934 cuando uno de sus alumnos en la Academia de Bellas Artes, Federico Mariscal, terminaría el proyecto, incorporando en los interiores elementos del *Art deco*.

Francisco de la Maza acusa a Boari de sólo haber contratado extranjeros. Y en efecto, sólo dos mexicanos intervinieron en el primer diseño del Palacio: Luis Romero, a quien se deben las puertas laterales del escenario y las ventanas, y Gerardo Murillo, el Dr. Atl, controvertido pintor que recorrió ideologías opuestas, desde el comunismo hasta el fascismo, quien

tuvo a su cargo el diseño del telón de cristal ejecutado por los Tiffany Studios de Nueva York, el cual representa los volcanes Iztaccíhuatl y Popocatépetl por medio de un millón de coloridos cristales.

Si bien extranjeros, pero eclécticos como era la moda en aquel inicio del siglo XX, los artistas incluyeron motivos prehispánicos, como las serpientes y las cabezas de caballeros águila y tigre sobre las puertas laterales de la fachada principal, al lado de esculturas con temas clásicos. A Leonardo Bistolfi se deben los grupos que coronan la entrada principal, a Boni los de las ventanas laterales y a Gianetti Giorenzo los motivos ornamentales como guirnaldas, florones y máscaras. Los pegasos que hoy se encuentran en la plaza, enfrente de la entrada principal y que según el diseño original debían haber coronado la parte posterior del Palacio, fueron esculpidos por el catalán Agustín Querol. El grupo de bronce que remata en el exterior la cúpula central es obra de Geza Maroti, así como, en

el interior de la sala de espectáculos, el notable mosaico del arco del proscenio y el *plafond* o techo elaborado en cristal.

Muy modificado el proyecto de Boari por Federico Mariscal, el interior del hoy Palacio de Bellas Artes, llamado así por incluir un museo, es tan lujoso como el exterior, aunque ahora bajo los cánones del Arte Decorativo que triunfaba en Francia por los años veintes. En el vestíbulo es notable el dibujo geométrico de los mármoles, así como las lámparas, en particular las que flanquean la entrada principal a la sala y cuya altura alcanza los tres pisos del edificio. Las tres cúpulas cubiertas de cerámica coloreada, ofrecen desde el interior una vista memorable.

En los muros del primer y segundo pisos pueden verse algunas de las más significativas obras del muralismo mexicano. Subiendo la escalera de la derecha, en el primer piso, *Nacimiento de nuestra nacionalidad* y enfrente *México de hoy*, (1952-1953), de Rufino Tamayo. En el primero, la fi-

gura central es un caballo y su jinete construidos con formas geométricas. Sin excusar la obviedad del simbolismo, en la parte inferior del mural una mujer da a luz, mientras en lo alto dos lunas, una clara y una oscura, se acercan a punto de fusionarse. En *México de hoy*, las reminiscencias indígenas se entrelazan con referencias a la máquina y altos edificios, pero más que el tema, lo relevante es el color que ejemplifica la viveza que caracteriza a la obra de Tamayo.

Criticado durante décadas, el Palacio de Bellas Artes —compendio de murales, *art deco* y citas clásicas y prehispánicas— es hoy revaluado por el gusto popular.

Enfrente, las telas en movimiento y las alas extendidas congelan una acción en curso en uno de los grupos escultóricos colocados en la cúspide del gran arco frontal del Palacio de Bellas Artes.

En el segundo piso, al que se asciende por el corredor sur, en el frente del Palacio, se reúnen obras de los Tres Grandes del muralismo mexicano. *La nueva democracia* de David Alfaro Siqueiros parece poner en obra la divisa del grupo planteada en el famoso Manifiesto del Sindicato de Obreros, Técnicos, Pintores y Escultores, redactado precisamente por Siqueiros en 1922, según el cual la meta debía ser crear "un arte para todos, de educación y de batalla". En efecto, se trata de conmover y convencer, y la poderosa figura de mujer que

Un arte de batalla en *La nueva democracia*, de David Alfaro Siqueiros.

Páginas anteriores: juego de mármoles y de luces en el vestíbulo del Palacio de Bellas Artes. En sí mismo, el telón de Tiffanys es un espectáculo. Menos observado, es el arco del proscenio que lo corona. Los palcos siguen la tendencia geometrizante del *art deco*.

parece lanzarse fuera del muro al romper sus cadenas, constituye sin duda un llamado a la lucha por la nueva democracia. La monumental obra se complementa con dos páneles, *Víctimas de la guerra* y *Víctimas del fascismo*. Aunque formando unidad, los segmentos de este tríptico tienen autonomía para que la estructura arquitectónica no impida la visión de los murales. Del mismo Siqueiros, también en este piso, pueden verse dos tableros sobre el último gobernante azteca que han recibido los títulos de *Tormento de Cuauhtémoc* y *Cuauhtémoc redivivo* (1950-51).

El hombre controlador del Universo o *El hombre en la máquina del tiempo* de Diego Rivera, es una recreación del mural destruido en el Rockefeller Center porque incluía el rostro de Lenin. Aquí añadió algunas figuras y "la adición más importante –declaraba el pintor– fue un retrato de John D. Rockefeller Jr., que inserté en la escena del club nocturno, poniendo su cabeza a muy corta distancia de los gérmenes de las enfermedades venéreas pintados en la elipse del micros-

copio". Además de los personajes ya mencionados, son reconocibles, en el panel de la extrema derecha, los rostros de Marx, Engels, Trotski, Jay Lovestone y Bertram D. Wolfe.

También de Rivera, se encuentran en este piso los páneles realizados para el Hotel Reforma que nunca fueron exhibidos en su destino original, así como el mural transportable creado para la Liga Comunista en Nueva York.

De José Clemente Orozco, *Catarsis* (en la pared opuesta al gran mural rivereano) es una violenta crítica al militarismo, a la corrupción y a la burguesía representada por una mujer enjoyada y por cabezas cercenadas que se carcajean en medio de la destrucción de la guerra.

En este piso están igualmente murales de Roberto Montenegro, *Alegoría del viento* (1928); de Jorge González Camarena, *La humanidad liberándose* (1963), y de Manuel Rodríguez Lozano, *La Piedad en el desierto* (1941), en el que un excepcional tratamiento del color y el alargamiento de las figuras le otorgan un patetismo no exento de acentos líricos.

Catarsis, de José Clemente Orozco. Arriba,*El hombre controlador del Universo*, de Diego Rivera.

Iglesia de la Santa Veracruz
Avenida Hidalgo
Tiempo de recorrido: 5 minutos
Horario: De 10:30 a 13:30
y de 16:30 a 20 horas

La iglesia de la Santa Veracruz fue fundada por la Archicofradía de la Cruz, creada por Hernán Cortés, para celebrar la llegada de las naves espa-

En el nicho de la puerta lateral de la iglesia de la Santa Veracruz, está san Blas. Arriba, el arcángel Miguel.

Enfrente, la fachada principal.

ñolas a Veracruz en 1519. Se trata, pues, de uno de los templos más antiguos de México, pero la construcción que sobrevive data de 1730 e incluso esta fecha se refiere a su estructura, ya que su fachada sur (la que mira a Avenida Hidalgo) ostenta las fechas de 1759 y 1764. Toussaint calcula que la fachada poniente (la que da a la Plaza de la Santa Veracruz) se terminó en 1776. La doctora Vargas Lugo llama la atención sobre que en la primera fachada desaparece de las columnas estípites el cubo, pues "sobre un alargado estipo (la parte que corres-

ponde a una pirámide trunca e invertida) aparece una forma bulbosa". La combinación de dos formas del estípite, en una sola iglesia, es otra novedad. A la portada poniente, se le ha acusado de ser rígida por sus terminaciones en punta. A la portada sur, en que predominan las líneas curvas, De la Maza la considera más fina, más movida, y el mismo Toussaint la califica de "una graciosa muestra de churrigueresco ingenuo".

En su interior, se venera, en una atmósfera de catacumbas, al Cristo de la Salud.

174

BIBLIOTECA DEL NIÑO MEXICANO

FLOR DEL REMORDIMIENTO Ó FLOR DE REDENCIÓN

MAUCCI H.ᵒˢ MÉXICO

Museo Nacional de la Estampa
Avenida Hidalgo 39
Tiempo de recorrido: 30 minutos
Horario: Martes a domingo de 10 a 18 horas

También en la Plaza de la Santa Veracruz, el Museo Nacional de la Estampa reúne una valiosa colección de este tipo de plástica en todos sus géneros, que en México ha tenido una importante tradición, que arranca desde la época prehispánica hasta nuestros días. En el amplio acervo del museo destacan obras de Manuel Manilla (1830-1890?) y de José Guadalupe Posada (1852-1913), ambos ilustradores de las publicaciones del editor Vanegas Arroyo: corridos, cancioneros, periódicos satíricos, cuentos y otros textos de formato humilde y amplia circulación que constituyen a la vez un alegre y tremendista retrato de su época. De Posada en particular hay que destacar la Calavera catrina.

Museo Franz Mayer
Avenida Hidalgo 45
Tiempo de recorrido: 1 hora
Horario: Martes a domingo de 10 a 17 horas

La visita de este recinto nos permite recordar que la cultura no la constituyen exclusivamente las obras de los artistas profesionales, sino también, y de modo fundamental, las formas de vivir y los valores de una sociedad. Atisbar, a través de estas espléndidas colecciones, los objetos de uso cotidiano que acompañaron a la sociedad novohispana, nos permite echar una mirada –que mucho tiene del placer del fisgón– al lujo que detentaron las clases altas del virreinato. La colección reúne más de ocho mil piezas, sin contar las que a muchos parece son las más destacadas: los 20 mil azulejos antiguos. Hay, así, azulejos catalanes del siglo XVIII, cerámica importada de China, de Talavera de la Rei-

na y de Delft. Pero sobre todo, en el piso superior, muestras de la Talavera poblana, la cual don Pancho, como conocían sus amigos al financiero alemán Mayer, obtuvo en muchos casos mediante el trueque de cosas viejas por nuevas. En las piezas de reluciente cristal, deslumbran los diseños neoclásicos de la Granja de San Ildefonso, de España, con sus guirnaldas, cenefas o escenas de oro fino. De ahí también proviene, señala con precisión Leonor Cortina, el cristal lechoso con decoración floral de visibles pinceladas. No falta, por supuesto, el cristal de "pepita", que el visitante puede distinguir porque está decorado con pequeños cortes en forma de

El Museo Nacional de la Estampa; entre su colección podemos ver grabados de José Guadalupe Posada.

Enfrente, un patio del antiguo Hospital de la mujer, hoy Museo Franz Mayer.

por sus incrustaciones de concha nácar. Hay varias ambientaciones: una sacristía, una botica y un salón del estrado (para recibir arzobispos, virreyes y visitas especiales).

Entre los libros, destaca uno en que la forma predomina hasta tal grado sobre el contenido que es un libro de plata con las hojas en blanco. No todos son así, hay numerosas biblias y 739 ediciones del Quijote de Cervantes, debidamente catalogadas por Ludovic Osterc.

El Museo Franz Mayer fue, primero, hospital para negros libres, mulatos y mestizos. Lo fundó Pedro López, no el primer doctor como se dice, sino el primero en graduarse en Medicina en la Real y Pontificia Universidad de México. El nombre de Hospital de Epifanía (o Adoración de los Reyes), lo perdió ante el más popular de Hos

La plaza llamada La Santa Veracruz está enmarcada por dos iglesias y dos museos.

Enfrente, ideal escenario para el teatro evangelizador, la portada abocinada de la iglesia de San Juan de Dios.

pital de los Desamparados, porque ahí se estableció, señala Salvador Novo, "la primera Casa de Cuna fundada en el mundo". Según dato recabado por Josefina Muriel, funcionaba un torno en donde se depositaban en secreto los niños no deseados llevados por madres solteras, adúlteras o mujeres que, por su miseria, no podían sostenerlos. Suspendidas por decreto en 1820 las órdenes hospitalarias, como era la de los juaninos, se convierte el edificio en convento de las monjas de la Enseñanza. Más tarde vuelve a ser hospital al cuidado de las Hermanas de la Caridad y, en 1863, al reglamentar el emperador Maximiliano la prostitución, deviene en hospital para mujeres con enfermedades debidas a este oficio. En 1875, sin cambiar de línea, se convierte en Hospital Morelos, luego en Hospital Jesús Alemán Pérez y finalmente, en Hospital Obstétrico de la Mujer. Ahí se impartieron durante años las cátedras de la Escuela de Medicina sobre enfermedades venéreas. En 1969, se destinó el espacio a mercado de artesanías y a partir de 1986 es el Museo de Artes Aplicadas Franz Mayer.

Iglesia de San Juan de Dios
Avenida Hidalgo
Tiempo de recorrido: 10 minutos
Horario: De 10:30 a 13:30 y de 16:30 a 18:30

La iglesia de San Juan de Dios es una de las más asombrosas de la ciudad. Su portada-nicho, de forma abocinada, es –hay que decirlo sin temor a las grandes palabras– inolvidable. Se terminó en 1729 y su autor es Miguel Custodio Durán. Tanto en el primero como en el segundo cuerpo, enormes y alargados nichos son separados por columnas que engañando al ojo parecen ondulantes. La torre reitera estas originales columnas un poco planas. La culmina una especie de bóveda o concha decorada (rayada) con estrías móviles con un óculo o tragaluz de ocho lados.

Ahí está el santo más socorrido de la ciudad, san Antonio de Padua, el cual, afirma la conseja, es un consigue-novios celestial, siempre y cuando se le entreguen monedas solicitadas a extraños o, más sencillamente, si se le coloca –en su versión hogareña– de cabeza.

180

Hotel Cortés
Avenida Hidalgo 85
Tiempo de recorrido: 5 minutos

El Hotel Cortés fue la primera hospedería establecida en el país. Su construcción data, como puede verse en su fachada barroca, de 1780 y fue destinado por los Agustinos Descalzos a recibir a los frailes de esa orden que en camino a establecerse en ciudades del interior pasaban por México. En el nicho de la portada aún se

El más antiguo hotel de la ciudad de México nació como hospedería para eclesiásticos. A la derecha, la fachada del ex templo de San Diego, hoy galería de arte contemporáneo.

Enfrente: los misioneros franciscanos bendijeron su Colegio de Propaganda Fide de San Fernando en 1755. El atrio de su iglesia, que fue a la vez camposanto, es hoy el jardín que lleva el mismo nombre del templo.

conserva la imagen de santo Tomás de Villanueva, bajo cuya advocación se colocó la hospedería. Aunque el patio interior conserva su estructura, son recientes la fuente y otras adaptaciones. Después de haber sido vecindad, donde vivió el escritor Efrén Hernández, actualmente funciona como hotel y restaurante.

Iglesia de San Diego (Laboratorio Arte Alameda)
Calle de Dr. Mora 7
Horario: Martes a domingo de 9 a 17 horas

Precisamente junto al tianguis o mercado de Juan Velázquez y frente a donde estaba el Quemadero, se levantaba el convento de San Diego. En la actualidad y luego de sucesivas reformas, su portada en neoclásica.

En el interior, una sola nave forma la iglesia, La cúpula tiene un diseño octogonal. El claustro, en especial su patio, hoy techado, prestó el ambien-

te para exhibir la colección que tuvo la Pinacoteca Virreinal. En 1999, cuando este acervo pictórico pasó a formar parte del Museo Nacional de Arte, el espacio fue destinado a proyectos expositivos y editoriales de diversas disciplinas artísticas con el nombre de Laboratorio Arte Alameda y coordinado por el Instituto Nacional de Bellas Artes.

El perfil de actividades se definió a partir de un estudio de los museos que operan en la ciudad de México, con el fin de satisfacer aspectos de la práctica artística contemporánea que no se han abordado sistemáticamente. Las características de sus funciones fueron definidas en relación al entorno urbano donde se encuentra –frente a la Alameda Central–, un espacio de fuerte carga histórica con un público actual, heterogéneo y en constante movilidad.

Su programa incluye el montaje de exposiciones, cursos, talleres, conferencias y mesas redondas.

Iglesia de San Fernando y Panteón de los Hombres Ilustres

Avenida Hidalgo y Eje Vicente Guerrero
Tiempo de recorrido: 15 minutos
Horario de visita del Panteón: diario de 8:00 a 15:00 horas

En 1755, los franciscanos de la Santa Cruz de Querétaro bendijeron su Colegio de Propaganda Fide de San Fernando en la ciudad de México; habían comenzado la edificación del convento y de la iglesia en 1734 para crear una comunidad en la capital de la Nueva España dedicada a las misiones. Ciento tres años después de su bendición, un terremoto dañó el convento que hubo de ser demolido en 1862. Su huerta y sus potreros fueron divididos en lotes y por allí se comenzó a poblar la entonces elegante y moderna colonia Guerrero. La iglesia, con fachada barroca en cantera, argamasa y tezontle muestra en el centro una imagen de san Fernando, rodeado de ángeles y de infieles. Aún se aprecian las proporciones monumentales del templo, pero su camposanto, localizado en el atrio, se con-

La iglesia de San Fernando posee un magnífico retablo barroco. Arriba, en la atmósfera romántica del Panteón de San Fernando se depositaron los restos del presidente Juárez; fue el último entierro que se efectuó ahí.

Enfrente: la columnata exterior del Panteón de los Hombres Ilustres.

virtió en jardín, mientras los terrenos del costado oriental fueron destinados para el Panteón Nacional.

El panteón, de auténtico estilo romántico, conocido también como de los Hombres Ilustres, está formado por dos patios circundados de columbarios. Aquí –ironías de la vida, o en este caso de la muerte– se encuentran los monumentos funerarios de personajes irreconciliables: los liberales Vicente Guerrero, Ignacio Comonfort, Melchor Ocampo y Benito Juárez, junto a los conservadores Tomás Mejía y Miguel Miramón.

El deterioro que sufrió la zona durante la primera mitad del siglo XX afectó también al templo y al panteón, hasta que en 1967 se reconstruyó el altar mayor del templo siguiendo el modelo original, se cerró la calle que pasaba entre la iglesia y el jardín, y éste fue remodelado con andadores y surtidores de agua. Las arquerías, cornisas y monumentos fueron reparadas en su totalidad y se demolieron las construcciones que impedían la vista del exterior; frente a la estatua yacente de Juárez, se dejó una pequeña plaza para ceremonias cívicas.

Palacio del conde de Buenavista (Museo de San Carlos)

Puente de Alvarado y Ramos Arizpe
Tiempo de recorrido: una hora
Horario de visita: martes a domingo de 10 a 18 horas

Las soluciones arquitectónicas del palacio hacen pensar que fue obra de Manuel Tolsá, aunque no se ha encontrado ningún documento que confirme la hipótesis. Fue construido a principios del siglo XIX a pedido de María Josefa de Pinillos para alojar, dignamente, al nuevo Condado de Buenavista. Tanto la composición arquitectónica como la integración de sus elementos y los detalles decorativos son de estilo neoclásico. Un singular remetimiento semioval da carácter a su fachada principal, resuelta en cantera y con todos los elementos del estilo: almohadillado, pilastras dóricas, frontones rectos y curvos, a más de la cornisa con balaustrada. La fachada posterior conduce a una plazoleta, que originalmente fue el jardín de la casa. El impacto visual que se ofrece en el patio interior es único: un gran óvalo con veinte ejes verticales, compuestos, en el primer piso por pilastras con capiteles de orden toscano y, en el segundo con capiteles jónicos; cada uno remata en la azotea con bases para macetones, unidas entre sí por una balaustrada.

El edificio, construido para el Conde de Buenavista, cumplió diversas funciones, entre otras, sede de la Lotería Nacional y de una fábrica de cigarros, por la cual el barrio completo lleva, hasta la fecha, el nombre de la colonia La Tabacalera. Se inauguró, como museo, en 1968 y adquirió el rango de museo nacional en 1994.

La más rica colección de arte europeo que posee México se aloja en este edificio. En sus salas, hay obras góticas, renacentistas, barrocas, neoclásicas y románticas, estilos que, en fechas, abarcan desde el siglo XIV hasta principios del XX. Las telas provienen de España, Italia, Francia, Holanda y el antiguo Flandes. Algunos de sus cuadros son excepcionales: el estilizado y dorado Retablo de la Encarnación, la adolescente figura de Eva, acompañada de Adán, de Lucas Cranach o la popular y plantosa imagen de *La aguadora*, de Goya.

Hay otras piezas igualmente valiosas. Las composiciones en forma de torbellino de Rubens, el dramático tenebrismo de *La cena de Emaús*, de Zurbarán; el preciosismo de Watteau y Fragonard; la idealización de Ingres, los estudios anatómicos en dibujos de Miguel Angel, las dinámicas formas de Rodín, el aquelarre de los *Caprichos* de Goya, el compromiso político de Daumier. No faltan los necolásicos de la Academia de San Carlos –cuyo acervo le da orígen, aunque lo acrecienten donaciones y compras posteriores– representandos por la perfección de Pelegrín Clavé o el ojo atento al paisaje de Eugenio Landesio.

Exterior e interiores del Palacio del conde de Buenavista hoy Museo de San Carlos.

Adán y Eva de Lucas Cranach,
enfrente, *Las siete virtudes* de Peter de Kempener, el
Retrato de hombre desconocido de Frans Hals, y
La partida de San Pedro Nolasco para Barcelona de Francisco de Zurbarán,
obras de la colección del Museo de San Carlos.

Monumento de la Revolución
Plaza de la República
Tiempo de recorrido: 15 minutos

Símbolo y punto de referencia de la ciudad, el monumento de la Revolución es el resultado de otra de las grandes obras que resultó imposible concluir. Lo ambicioso del proyecto, de un arquitecto europeo naturalmente, no previó las peculiaridades del terreno en el cual se construiría el Palacio Legislativo Federal del Porfiriato. En 1911, con un gasto de casi dos millones de pesos por arriba de lo presupuestado, solamente se había levantado la estructura central.

Durante los veinte años que los capitalinos vieron aquella enorme estructura con admiración y sorna, se fue haciendo parte del paisaje urbano. Para 1932, cuando las autoridades habían decidido desmontarla, el arquitecto Carlos Obregón Santacilia (1896-1961) presentó un proyecto

El Museo de la Revolución, instalado en los sótanos del Monumento. Arriba, la Plaza de la República.

Enfrente: el grupo escultórico de la esquina noreste, realizado por Oliverio G. Martínez.

para rescatarlo y convertirlo en un símbolo de la Revolución. Rediseñado al estilo funcionalista en boga por esa época, con esculturas de Oliverio G. Martínez (1901-1938) en sus cuatro esquinas, recubierto con cantera de chiluca y la cúpula con una gruesa lámina de cobre, después de muchas vicisitudes, y sin ceremonia inaugural, en noviembre de 1938 se quitaron las bardas que impedían a los peatones la vista integral .

En las criptas, acondicionadas en las cuatro columnas, se encuentran los restos de Francisco I. Madero, Plutarco Elías Calles, Lázaro Cárdenas y Francisco Villa. En uno de sus pebeteros se encendió la antorcha olímpica mexicana. En 1985, para afianzar la estructura dañada por el sismo, la plaza fue remodelada en su totalidad; fue entonces que los espaciosos sótanos del edificio se destinaron para instalar el Museo de la Revolución que sería inaugurado el 20 de noviembre del siguiente año.

191

Museo de la Alameda. Mural de Diego Rivera

Tiempo de recorrido: 15 minutos
Horario: Martes a domingo de 10 a 18 horas

Siguiendo por avenida de la República, dando vuelta a la izquierda al llegar al jardín de la Plaza de la Solidaridad, se llega al Museo de la Alameda, creado para albergar el mural de Diego Rivera *Sueño de una tarde dominical en la Alameda*, que fue pintado originalmente en el Hotel del Prado, inmueble que resultó dañado en los sismos de 1985. El tema es exactamente el enunciado en el título, de modo que todos los personajes se encuentran soñando "unos durmiendo en los bancos y otros, andando y conversando". En el extremo izquierdo, por ejemplo, el historiador José María Vigil sueña con la historia de la Alameda y recuerda cuando era quemadero de la Inquisición, en medio de un auto de fe aparece Violante de Carvajal, judía de gran belleza y no menos fortuna que fue una de las víctimas del tribunal. En esa misma sección, abajo de Juárez aparece Ignacio Ramírez, El Nigromante, quien al ingresar a la Academia de Letrán en 1836 pronunció un discurso con la tesis "Dios no existe, las cosas de la naturaleza se sostienen por sí mismas". La frase causó un positivo escándalo en su época y volvió a ocasionarlo cuando Rivera la reprodujo en el mural. Tanto así, que el mural su-

frió un atentado y los dueños del hotel decidieron cubrirlo, hasta que el artista aceptó borrar la frase y sólo aludirla con el letrero de la Academia de Letrán.

En el centro del mural aparece, explicaba el artista, "la muerte o sea Tonantzin, que no es sino la calavera catrina creada por el enorme José Guadalupe Posada", la cual aparece del brazo del famoso grabador y da la mano al propio Diego de niño, quien sueña en el amor por excelencia que es Frida Khalo. Junto a ellos, representando a la hija y la esposa de Porfirio Díaz, el muralista utilizó como modelos a sus hijas Ruth y Lupe Rivera.

Alameda central

Tiempo de recorrido: 30 minutos

El Paseo de la Alameda es una de las áreas verdes más antiguas de la ciudad, ya que fue Luis de Velasco, el segundo virrey de este nombre, quien lo mandó construir en 1593. En esa época abarcaba la mitad del espacio, ya que se extendía del extremo de enfrente del hoy Palacio de Bellas Artes hasta el Hemiciclo a Juárez. En la otra mitad se encontraba una plazoleta mal cuidada conocida como el Quemadero, porque allí se ejecutaban las bárbaras condenas de la Inquisición de quemar vivos a los reos en nombre de la fe. Fue hasta dos siglos después, en 1791, cuando el segundo conde de Revillagigedo, quien realizó numerosas obras públicas que le

Sueño de una tarde dominical en la Alameda, desplegado, gracias a la foto, en todo su esplendor.

Enfrente arriba, el niño que come una torta es uno de los dos autorretratos de Diego Rivera que aparecen en este mural. La mujer con el niño en brazos es Guadalupe Rivera Marín, con su hijo Juan Pablo. Atrás de ella, su madre, la aguerrida Guadalupe Marín. Con una mascada en el cuello, Rosa Covarrubias, esposa del pintor Miguel Covarrubias. Junto a ella, vestido como obrero, el ayudante de Rivera, Manuel Martínez, y enseguida Ruth Rivera, la otra hija del artista.

Enfrente abajo, en esta sección del mural, Diego reúne a fray Juan de Zumárraga, quien ordenó quemar vivo a un nieto de Nezahualcóyotl, a la víctima de la Inquisición, Violante de Carbajal. Junto a ellos, sor Juana Inés de la Cruz, el virrey Luis de Velasco, Santa Anna y el comandante de la invasión norteamericana de 1847, Winfield Scott.

Páginas siguientes: aquí Diego reinterpreta la *Calavera Catrina* de Posada, y se autorretrata nuevamente como niño. Su sueño es Frida Kahlo, quien aparece detrás de él. Y al frente, con elegantes trajes porfirianos, dos mujeres con los rostros de las hijas del pintor. A la derecha, el mitológico Neptuno tuvo un lugar entre las fuentes dispuestas simétricamente en la Alameda.

193

dieron un nuevo aspecto, más aseado y reluciente, a la capital de la Nueva España, mandó desaparecer el Quemadero y extender, hasta donde hoy termina, el Paseo de la Alameda. Quiso, sin embargo, este virrey dedicarlo al uso exclusivo de las clases altas y prohibió la entrada al que no fuese calzado y vestido "con cierta decencia". Para facilitar el cumplimiento de la ley, se mandó colocar un enrejado de madera que, con curiosa precisión, las historias registran que era de color verde. Por mandato del gobierno liberal, ya triunfante en 1868, se eliminaron las bardas que rodeaban el parque, se cegaron las acequias que lo circundaban y se instaló luz de trementina. A finales de siglo, en 1892, se le dotó de luz eléctrica.

Centro de encuentros amorosos y lugar para que las modas de antaño desfilaran, la Alameda fue escenario durante algunos años de la celebración del 15 de septiembre, día de la Independencia. En una de sus múltiples entradas triunfantes a la capital,

Otra estatua de inspiración clásica en la Alameda. Arriba, el Hemiciclo a Juárez, inaugurado para las fiestas del Centenario de la Independencia.

la de 1846, el dictador Santa Anna mandó llenar una de sus fuentes, la que daba al Mirador, de una bebida preparada con vino conocida como sangría. Y cuando Juárez llegó a la capital en 1867, después de encabezar un gobierno itinerante y vencer a Maximiliano, ahí se sirvió un banquete en el que el Benemérito, cuentan las crónicas, se detuvo a brindar en algunas mesas.

Diseñada con núcleos, marcados por una fuente o un monumento, en los que se abren estrellas de calzadas, la Alameda conserva sólo obras del siglo XIX y del XX, de las cuales la más importante es el Hemiciclo a Benito Juárez, obra del arquitecto Guillermo Heredia, inaugurado en 1910 y construido en el lugar que ocupó el pabellón morisco que fue llevado a la Alameda de Santa María la Ribera. Formado con columnas dóricas, las esculturas que acompañan a la sedente del propio Juárez representan la Gloria y la República con la espada de la justicia, y se deben a Lazzaroni.

Las cúpulas de Bellas Artes entre la fronda de la Alameda. Arriba, el edificio de La Nacional, uno de los primeros "rascacielos" en México, la Torre Latinoamericana y, en primer plano, los pegasos de Agustín Querol.

Lujo Novohispano

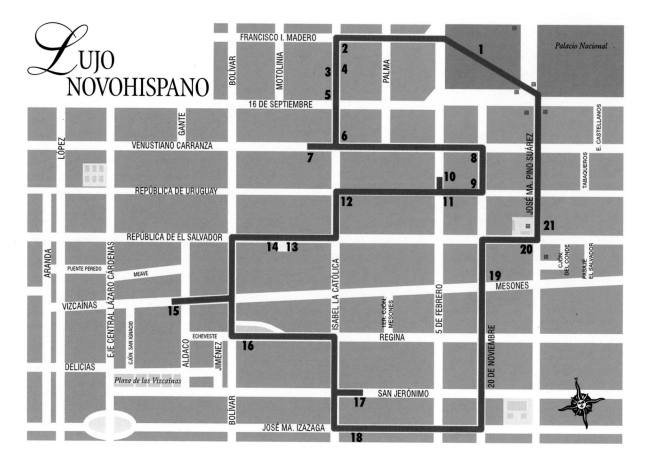

1. Plaza de la Constitución
2. Antigua Joyería La Esmeralda
3. Casino Español
4. Casa de los condes de Miravalle
5. Casa Boker
6. Casa de los condes de San Mateo
   Valparaíso (Banamex)
7. Casa de los condes de Xala
8. Iglesia de San Bernardo
9. Casa de los condes de la Torre
   Cosío y de la Cortina
10. Hotel Ontario
11. Casa de la marquesa de Uluapa
12. Iglesia de San Agustín
    (Ex Biblioteca Nacional, UNAM)
13. Casa de don Pedro Romero de Terreros
14. Iglesia de San Felipe Neri
15. Iglesia de Regina Coeli
16. Colegio de las Vizcaínas
17. Convento de San Jerónimo
    (Universidad del Claustro de Sor Juana)
18. Museo de la Charrería
19. Hospital de Jesús
20. Iglesia de Jesús Nazareno
21. Casa de los condes de Calimaya
    (Museo de la Ciudad de México)

**Reloj y mansarda de
la antigua Joyería La Esmeralda.**

**Enfrente, uno de los personajes de
servicio representado en los azulejos
poblanos de la Casa de la marquesa
de Uluapa.**

Famosa por su afición al derroche,
la élite novohispana compitió por po-
seer los caballos de más pura sangre,
los carruajes y las libreas más ador-

nadas, portar los trajes más cuajados
de oro, plata y piedras preciosas o dar
las fiestas más fastuosas. De ese esplendor novohispano son testigos los
palacios que todavía hoy adornan el
barrio sur de la Plaza Mayor.

Para imaginar la vida en la ciudad
de México durante los siglos pasados,
este recorrido nos deja ver lo mismo
un convento del siglo XVII, que los
arreos y los trajes de los charros, una
lujosa residencia de finales del XVIII
y las elaboradas formas del siglo XIX.

Antigua Joyería La Esmeralda
*Avenida Francisco I. Madero, esquina
con Isabel la Católica
Tiempo de recorrido: 3 minutos
Horario: Lunes a viernes de 9 a 13 horas*

Muestra del gusto afrancesado que
predominó durante la dictadura porfirista, el edificio de la Antigua Joyería La Esmeralda, obra de 1893, del
arquitecto Eleuterio Méndez y de
Francisco Serrano, posee en su techo

interior una excelente yesería. De la Maza lo describe como un edificio "absurdo, pero pintoresco, curioso y hasta casi atractivo". No han faltado los que lo consideren más que *camp* –sobreestilizado–, cursi. A nosotros, nos gusta.

Casino Español
Isabel la Católica 29
Tiempo de recorrido: 5 minutos
Horario: Lunes a sábado de 10 a 18 horas

De estilo ecléctico, este edificio rememora elementos góticos, renacentistas y barrocos. Fue construido, a instancias de la colonia española, encabezada por Adolfo Prieto, Santiago Galas y Elías Pando, entre 1901 y 1903 por el arquitecto Emilio González del Campo. Destaca su escalera y su salón de recepciones con el techo artesonado. Es sombrío y su decoración, exuberante. Se edificó para la anunciada, y no cumplida visita, de Alfonso XIII de España. Ahí se recibió, en 1978, al rey Juan Carlos.

Un vitral y el vestíbulo del Casino Español, donde, a principio de siglo, se dieron cita todos los estilos arquitectónicos.

Páginas anteriores: dos vistas de la fachada del Casino Español.

Casa de los condes de Miravalle
Isabel la Católica 30
Tiempo de recorrido: 5 minutos
Horario: Lunes, martes y jueves de 10 a 19; miércoles de 10 a 19:30; sábado y domingo de 10 a 15 horas

Con la fortuna familiar también acumulada en la minería, una de las condesas de Miravalle sería la esposa de Pedro Romero de Terreros, considerado el minero más rico de la Colonia. La casona fue construida por el primer conde de Miravalle, el mecenas del hermoso Claustro de la Merced, a fines del siglo XVII y ya en el XIX se convirtió en el Hotel del Bazar, reconocido por su modernidad y estilo europeo, y recomendado por Marcos Arróniz, como uno de los mejores de la ciudad en su *Manual del viajero en México*, publicado en 1858. En 1940, Manuel Rodríguez Lozano, el destinatario de las cartas de amor de Antonieta Rivas Mercado, pintó en el cubo de la escalera el mural *Holocausto*. En esta casa vivieron en algún momento el dramaturgo

Rodolfo Usigli y el crítico de arte Francisco de la Maza. Hoy es un centro comercial ocupado principalmente por joyerías.

Casa Boker

Isabel la Católica, esquina con 16 de Septiembre
Tiempo de recorrido: 5 minutos
Horario: Lunes a sábado de 7:30 a 23 horas

Fue una ferretería y debe su nombre al empresario alemán que encomendó a los arquitectos De Lemos y Cordes, de Nueva York, el proyecto de esta obra que fue supervisada por el ingeniero Gonzalo Garita. Sus cimientos, como otros de este célebre ingeniero mexicano, fueron realizados con emparrillado de viguetas ahogado en concreto. Fue, pues, en su momento, el Porfiriato, por sus cimientos y por su estructura metálica, ejemplo de modernidad. El interior, totalmente remodelado después del incendio de 1975, alberga aun a la ferretería, oficinas y a un restaurante.

La portada de la Casa Boker. Arriba: en 1940, Manuel Rodríguez Lozano pintó este *Holocausto* en el cubo de la escalera de la casa de los condes de Miravalle.

Casa de los condes de San Mateo Valparaíso (Banamex)

Isabel la Católica 44
Tiempo de recorrido: 10 minutos
Horario: Lunes a viernes de 9 a 17 horas

El Palacio que hoy ocupa el Banco Nacional de México es obra de Francisco Antonio Guerrero y Torres, uno de los arquitectos más notables del arte novohispano, quien lo construyó, entre 1769 y 1772, rehaciendo una vieja casona de los primeros años de la Colonia, para Miguel de Berrio y Saldívar, y su esposa la condesa de San Mateo Valparaíso. Su fachada se adorna con una suntuosa portada y en la esquina un torreón ampliado hasta formar una habitación, en cuyo vértice un nicho guarda la imagen de la Virgen de Guadalupe. En el interior, uno de los gigantescos arcos entrecruzados conserva, como hecho excepcional, la firma del arquitecto. Lo más notable del edificio es una espectacular escalera formada por dos rampas que parten, una del patio

El giro de las asombrosas escaleras y el cruce de los arcos de la casa que hoy ocupa el Banco Nacional de México.
Enfrente, ejemplo de la suntuosidad novohispana, la Casa de los condes de San Mateo Valparaíso.

Casas de los condes de la Torre Cosío y de la Cortina
República de Uruguay 91 y 94
Tiempo de recorrido: 5 minutos

En la mansión del conde de la Torre Cosío, que data de 1781, destacan el torreón cubierto de azulejos y las gárgolas en forma de cañones, así como el arco trilobulado de su entrada principal. En la casa del conde de la Cortina la piedra trabajada de la portada y los balcones, así como la puerta que conserva sus chapetones, son también muestra del lujo de la época. Las casas se encuentran hoy en el terreno que ocupó la casa de don Juan Manuel, célebre por la leyenda, desmentida por Luis González Obregón, de que su dueño, por sospechas, dicen las buenas lenguas, infundadas, de que su esposa lo engañaba, consultó a un brujo quien le recomendó matar al primer transeúnte que pasara por la puerta de su casa a las once

de la noche. don Juan Manuel siguió el consejo y antes de matar al infortunado le preguntó la hora, y le asestó la frase: "¡Dichoso tú que sabes la hora en que vas a morir!" Reiterados los asesinatos durante varios días, don Juan Manuel se arrepiente y muere misteriosamente mientras realizaba la penitencia ordenada por su confesor.

Hotel Ontario
República de Uruguay 87
Tiempo de recorrido: 5 minutos
Horario: De 10 a 18 horas

Aunque del siglo XX y por lo tanto con un estilo que sólo imita el colonial, vale la pena echarle una ojeada al hotel Ontario, cuya fachada parece estar en permanente fiesta ornamental, combinando influencias mudéjares y ultrabarrocas. El eclecticismo se desborda en el nicho de la esquina; el interior conserva un elevador y una escalera con enrejados.

Casa de la marquesa de Uluapa
5 de Febrero 18
Tiempo de recorrido: 5 minutos

Dando vuelta a la derecha, llegamos a esta casa que, no sin cierta impaciencia, los eruditos han aclarado que nunca perteneció a la marquesa de Uluapa, y en sustitución y sin haber podido averiguar quién fue su verdadero dueño, la han identificado con el menos sugerente título de "casa de 5 de Febrero 18". De su arquitectura destacan la portada, los arcos terminados en punta de diamante del patio y, sobre todo, los azulejos que representan no personajes religiosos, sino tipos domésticos como el cocinero. No se puede visitar sin permiso.

El hotel Ontario y portada de la Casa de la Marquesa de Uluapa.

Enfrente, el portón de acceso a la Casa de los condes De la Torre Cosío y de la Cortina

Iglesia de San Agustín
(Ex Biblioteca Nacional, UNAM)
*República del Uruguay, esquina con Isabel
la Católica*
Tiempo de recorrido: 5 minutos
*Horario: Lunes a sábado de 7 a 20;
domingo de 8 a 14 horas*

Como lo constata la monumentalidad de la que fuera su iglesia, la orden de los agustinos se distinguió por la opulencia. Llegados a México en 1533, muy pronto se aclimatan y sus filas crecen aceleradamente con la incorporación de numerosos frailes criollos. Esos dos rasgos, la riqueza y el criollismo, serán la causa profunda de apasionadas luchas por el poder en el interior de la orden, que redundarán por un lado en la división en dos provincias, y por otro, en el surgimiento de los que Antonio Rubial García ca-

**Otra casa para la nobleza, ésta
del conde de Regla, Pedro Romero
de Terreros.**

**Enfrente, portada del templo de San
Agustín, hoy Biblioteca Nacional.**

lifica como frailes funcionarios, que sustituirían a los frailes misioneros.

La iglesia, construida sobre un terreno lodoso, sufrió hundimientos y finalmente fue consumida por un incendio que duró tres días completos. Reconstruido, el nuevo templo fue inaugurado en 1692. De su portada, todavía se conserva un bajorrelieve en el que los monjes se cobijan bajo la capa de san Agustín quien se sostiene sobre las cabezas de tres heresiarcas. Exclaustrados los frailes, la iglesia quedó abandonada hasta que en 1867 se decidió convertirla en la Biblioteca Nacional, y la dirección de la obra se encargó a los arquitectos Vicente Heredia y Eleuterio Méndez, quienes, para darle un aspecto laico, construyeron nuevas fachadas en el Norte y el Poniente, y colocaron esculturas de pensadores, científicos, artistas y hasta una de Minerva, sin faltar el escudo nacional. La Biblioteca fue finalmente inaugurada en 1884 y hoy únicamente resguarda un fondo reservado al que sólo tienen acceso investigadores.

Casa de don Pedro Romero
de Terreros
República del Salvador 59
Tiempo de recorrido: 5 minutos

Propietario de las minas que pasarían a la historia como Pachuca y Real del Monte, famosas por la riqueza de vetas como la Vizcaína, y porque ahí se efectuó la primera huelga de trabajadores en México, la mansión comprada por Pedro Romero de Terreros, conde de Regla, a las monjas de San Bernardo en 1764, fue conocida en los últimos años de la época colonial como la "Casa de Plata".

El sobrenombre obedecía tanto a que ahí el fundador del Monte de Piedad almacenaba barras de plata, como a la gran cantidad de objetos, desde vajillas, utensilios de altar y adornos, hasta lámparas y muebles finamente trabajados en el valioso metal. Ya en el siglo XX se le agregó el tercer piso y su interior se ha modificado totalmente; hoy está muy deteriorada y de los antiguo lujos solamente conserva la fachada.

211

Iglesia de San Felipe Neri

*República del Salvador 47, entre Isabel la
Católica y Bolívar*
Tiempo de recorrido: 10 minutos
*Horario: San Felipe Neri el Viejo, de
lunes a viernes de 8 a 20 horas; San
Felipe Neri el Nuevo de lunes a viernes de
8:30 a 15 horas*

El oratorio era el último grito de la modernidad renacentista. Era –como los jesuitas– más bien un colegio que un convento, ya que rechazaba la vida del claustro, los rezos de coro y hasta los hábitos; proponía, en su lugar, una reunión de devotos que aprendían por medio de conversaciones. Disfrutaban, además, de la música. Felipe Neri era, dicen, un guapo muchacho y a esta cualidad acompañaba la mejor de todas, pues se le conoce como "el santo del buen humor". En Nueva España, el fundador de los felipenses es Antonio Calderón Benavides, también, aseguran, rico y "muy galán". La imprenta de la Viuda Calderón, la que mejor surtía de libros a la Colonia, era el negocio familiar. Con el pretexto de fundar un hospital, el grupo encabezado por Calderón acabó creando esta nueva orden en 1661.

La iglesia de San Felipe Neri el Viejo es la primera fachada –De la Maza, dice– que se labra "cobijada por un arco", este rasgo que le confiere un aspecto único, también es designado como "arco-hornacina" y en él está Felipe Neri, quien tiene a sus pies un Papa, un Cardenal y cuatro filipenses. Sobre él, un copete en forma de trapecio, muy labrado, y en la cornisa, pináculos piramidales. La fachada, en sí, consta de dos cuerpos. En el primero, las columnas son dóricas; en el segundo, jónicas con estrías ondu-

**La churrigueresca portada de San
Felipe Neri el Nuevo.**

**Enfrente: en detalle, dos arcángeles
custodian el medallón con la escena
del bautismo de Cristo.**

lantes y en su primer tercio están adornadas con hojas. La torre, esbelta, tiene ocho vanos (vacíos) altos y estrechos. Presenta una peculiaridad: incrustaciones de medias esferas o platos de cerámica de color oscuro que suben incluso a la linternilla y el cupulín. Sólo quedan esta fachada y la torre, porque el resto fue destruido por un temblor en 1768.

El claustro, barroco, parece ser, considera De la Maza, el de 1692; de ser así, sería el más antiguo en su estilo. Tiene dos pisos y todo, pilares y arcos, en forma de tableros.

Mientras la iglesia anterior es de estructura clásica con motivos barrocos, San Felipe Neri el Nuevo, a la izquierda de la que acabamos de ver, es churrigueresca. Su arquitecto fue Ildefonso de Iniesta, quien la inició en 1751. Nunca se acabó de construir, porque el terremoto de 1768 dañó la

obra y los filipenses se trasladaron a la iglesia exjesuita de La Profesa; por otro lado, el templo inconcluso tenía un vecino influyente, Pedro Romero de Terreros, conde de Regla, quien se quejaba de las molestias que le causaba la construcción e imaginaba todavía peores cuando la iglesia se terminara. Las dos naves laterales son estrechas y la central, ancha. Todas con puertas. Las columnas estípites de su portada son esbeltas. Junto a ellas, en el lugar de los interestípites, hay hornacinas para pequeñas esculturas, que no alcanzaron a ponerse, y culminan con roleos. Hay dos medallones, uno para Pedro y otro para Pablo. En el centro, otro medallón con el bautizo de Cristo y arriba el Padre y el Espíritu Santo en forma de paloma, unos querubines completan la escena. A los lados, unos ángeles sentados sobre roleos y más afuera dos arcángeles. En el segundo cuerpo, al centro, un amplio nicho, cuya imagen tampoco se esculpió. A los lados, dos ventanas enmarcadas por estípites y dos roleos. En las puertas laterales, dos ventanas ovaladas hacen juego con los medallones. El copete, moldurado, termina en una cruz.

De 1875 a 1954, San Felipe Neri el Nuevo se transvistió en el Teatro Arbeu. Sus palcos, que formaban una herradura, eran tantos, al igual que las lunetas, como en el Teatro Nacional. Introdujeron la novedad, entonces, de que sus butacas se levantaban para dejar pasar a los que llegaban tarde. Cuando se iluminó, con gas hidrógeno, el público, asombrado, aplaudió. Hoy es biblioteca de la Secretaría de Hacienda en cuyo interior hay murales del artista contemporáneo Vlady.

Iglesia de Regina Coeli

Regina 3, esquina con Bolívar
Tiempo de recorrido: 15 minutos
Horario: De 7 a 13 y de 17 a 20 horas

En la fachada del templo de Regina Coeli, cuya edificación data de 1655, –aunque se reparó varias veces y fue nuevamente consagrado en 1731– destacan el esbelto campanario y la hermosa cúpula octogonal. En su interior, se conservan valiosos retablos. El principal, del siglo XVIII, podría equipararse, por su forma un poco abocinada, con un nicho. Este nicho que da cabida a sus iguales es el equivalente arquitectónico del recurso barroco del teatro dentro del teatro o de la novela que porta otra novela. En el reparto iconográfico se pueden ver, entre otros, a Antonio de Padua, patrón de los animales, y a los evangelistas: Marcos, Juan, Lucas y Mateo. Los nichos resguardan a santo Domingo y san Francisco, quien aparece de nueva cuenta en uno de los medallones. En la parte central, un lienzo sobre el nacimiento de la Virgen y sobre éste, una escultura de san José. Sus columnas estípites, típicas del barroco novohispano, contribuyen a ofrecer un conjunto ricamente ornamentado.

Junto a este altar, el de la Virgen de la Fuente, que contiene esculturas que representan a los siete arcángeles y pinturas de Joaquín y Ana, los padres de la Virgen, y de otros santos emparentados con María. El lienzo que da título al retablo se atribuye a José de Ibarra. Si se mira hacia lo alto, se verá la cúpula y en las pechinas las imágenes de los padres de la Iglesia: Agustín, Jerónimo, Gregorio y Ambrosio. El fondo o testero del coro bajo ostenta ocho excelentes pinturas del poblano Francisco Antonio Vallejo.

Una modesta portada da acceso a los resplandecientes altares de Regina Coeli y a su capilla de Medina Picazo.

Enfrente, la cúpula y el magnífico interior de la iglesia de Regina Coeli.

Sobre la puerta principal, la pintura de un san Cristóbal de enormes proporciones. Frente a ella, junto al retablo de san Francisco, está la puerta de acceso a la capilla de Medina Picazo, obra del arquitecto Miguel Custodio Durán, que data de 1733. Isabel –nieta del más célebre médico de la época colonial, el Doctor Pedro López– profesó en Regina Coeli, y cuando falleció, su celda, que pertenecía a su familia a perpetuidad, fue restaurada por su hermano y se convirtió en la capilla que ha llegado hasta nosotros. La portada, que era dorada, daba la "impresión de una especie de retablo", apunta Gonzalo Obregón. Sus columnas salomónicas, un poco planas, acentúan su forma como de llama por medio de estrías que describen ondas. Los pináculos reiteran las ondulaciones y tienen como remate un sol y una luna, símbolos, el primero, de Cristo, y el segundo, de la Virgen, que, como la luna, refleja la luz del hijo. El centro se reserva para una escultura de la Purísima y sobre ella la paloma que representa al Espíritu Santo. Una cruz pone punto final y más alto a la portada.

La cúpula, que en el exterior presenta delineados gajos, decoración de azulejos y pináculos, en el interior tiene, en las pechinas, pinturas, posiblemente de Nicolás Rodríguez Juárez, y una moldura negra y dorada. El tambor, con óculos, está decorado con roleos y guirnaldas. Al lado del presbisterio, a la derecha, la escultura, realista, del patrocinador de la capilla: el sacerdote Buenaventura de Medina Picazo. El coro alto es obra fuera de serie. Sobre una reja de hierro rectangular surge "el espléndido abanico" que, esta vez a De la Maza, también le recuerda un retablo. Hojas de acanto forman el calado donde se colocan medallones con los anagramas de las llamadas Cinco Personas: en el centro, los de Jesús, María y José. En los tableros de los lados, los de Joaquín y Ana. La moldura, con una especie de pasalistón, rodea esta soberbia reja del coro alto. Su "madera calada, tallada y dorada, hoy pintada en gris y oro... originalmente fue rojo y oro", aclara Obregón.

El altar mayor tiene ocho pilastras estípites. Los laterales –el del Calvario y el del Sagrado Corazón– ocho columnas salomónicas, cada uno, decoradas con hojas y racimos. Las columnas enmarcan pinturas, salvo dos nichos, uno con una hermosísima talla que representa la escena del Calvario con el fondo policromado, en el retablo de la derecha, y una escultura de la Purísima (del siglo XIX) que se guarda en un dorado nicho, éste sí antiguo, con incrustaciones de espejos, carey y concha nácar, en el altar principal.

Colegio de las Vizcaínas
Calle de Vizcaínas y Aldaco
Tiempo de recorrido: 15 minutos

Esta monumental construcción, que ocupa una manzana entera, se inició en 1734 y se terminó en 1757. Se cuenta que tres vascos, al ver jugar a unas niñas en un muladar y reprenderlas por su vulgar vocabulario, decidieron, al considerar que no eran ellas las culpables, sino la sociedad que había descuidado su educación, edificar una escuela para niñas. Los nombres de estos vascos los conservan las calles que rodean el Colegio de las Vizcaínas: Ambrosio de Meave, Francisco de Echeveste y José de Aldaco. El proyecto fue de Pedro Bueno Basorí

El Colegio de las Vizcaínas se llamó oficialmente Real Colegio de San Ignacio de Loyola y fue, desde su fundación, exclusivo para niñas. Aquí estudió doña Josefa Ortiz de Domínguez.

y se mencionan como arquitectos a Miguel José de Quiera o a Miguel de Rivera. Su construcción se inició un 31 de julio, para hacerlo coincidir con el día del patrón de los vascos por quien llevó el nombre de Real Colegio de San Ignacio de Loyola, aunque cabe aclarar que la patrona de la escuela es la Virgen de Aránzazu. Su nombre popular, de Colegio de las Vizcaínas, proviene de que estaba destinado a acoger a viudas y niñas pobres, de preferencia vascas o, en todo caso, españolas. Su modernidad, ya que no dependía de las autoridades eclesiásticas, pues no era convento de monjas ni las niñas quedaban ligadas por ningún voto, ocasionó que su apertura se retrasara hasta 1767.

Lo único que podrá apreciar el visitante, puesto que no se permite la entrada para no perturbar sus labores todavía docentes, es la fachada, que se distingue por la armonía de sus ventanas: las del primer cuerpo, rectangulares; las del segundo, octagonales; todas enriquecidas con moldu-

ras. Unos pináculos coronan las pilastras que rítmicamente dividen los tramos del edificio. Todo ello acentuado por el juego que se logra entre la cantera y el rojo tezontle. Tiene tres portadas: dos similares y la central, diferente. Las dos primeras ostentan: una, el antiguo escudo nacional y la primera santa originaria de América, Rosa de Lima; la otra, un escudo español y la Virgen de Aránzazu, patrona de los vascos. La del centro, que se atribuye a Lorenzo Rodríguez, abandona el barroco sobrio por uno más recargado y tiene unas pilastras muy originales. En el segundo cuerpo, tres nichos, uno de cuyos santos es Ignacio de Loyola. Esta última portada conduce, por una imponente escalera, enclavada en un espacioso patio delimitado por una hermosa arquería, a la capilla. Sus retablos, obra de Joaquín de Sallagos, son de la segunda mitad del siglo XVIII. Por cierto, Josefa Ortiz de Domínguez, heroína de la Independencia, estudió en este colegio.

Convento de San Jerónimo (Universidad del Claustro de Sor Juana)

San Jerónimo, esquina con Isabel la Católica
Tiempo de recorrido: 15 minutos
Horario: Lunes a viernes de 9 a 17 horas
Ex iglesia, eventualmente, miércoles 19 horas.

Fue fundado en 1585 por Isabel de Barrios, hija del conquistador Andrés de Barrios, conocido, por su capacidad para el baile, como "el danzador", y casado con la hermana de Catalina Suárez Marcaida, quien fuera esposa de Hernán Cortés. La iglesia, consagrada en 1623, es de estilo Renacimiento y, como aclara De la Maza, "en su matiz herreriano", llamado así por Juan de la Herrera, arquitecto de El Escorial, en España. Sus columnas y pilastras son dóricas y los remates piramidales. La torre se edificó en 1665. Es, en medio del festín barroco que es la ciudad de México, un edificio sin adornos. Su bóveda circular sobre pechinas –inventada por Alonso Pérez de Castañeda para la iglesia de Jesús María– es anuncio de futuras cúpulas novohispanas. Su san Jerónimo, en el segundo cuerpo, es, considera De la Maza, la segunda más antigua escultura en piedra del Virreinato. Pero la fama del convento, llamado al principio de Santa Paula, proviene de que ahí vivió durante los últimos 27 años de su vida la poetisa sor Juana Inés de la Cruz. La lápida, en el coro bajo de la iglesia, que cubre su supuesta tumba es más un homenaje que una realidad.

La restauración, emprendida con el método de arqueología histórica, ha dejado a la vista aspectos y objetos de diversas etapas constructivas: azulejos, fuentes, drenaje, captadores de agua pluvial e incluso una tina de barro vidriado de color verde. El coro ha sido reconstruido. El convento sufrió muchas modificaciones, primero, al proliferar las celdas –con sus servicios aledaños: baños, cuarto para sirvientas, sala y cocina– se fueron invadiendo espacios, luego, se transformó todo para impulsar la vida en común, obligada por el Concilio de Trento. En un tiempo, el gran claustro fue el famoso cabaret Smyrna Dancing Club.

En la misma calle del llamado Claustro de sor Juana, resta la fachada interior de la celda particular (San Jerónimo 24) de la Marquesa de Sierra Nevada, fundadora y constructora de conventos, "mecenas del neoclásico", que consiguió un mayorazgo privativo para la rama femenina de su familia. Su fortuna provenía de sus haciendas pulqueras y de los expendios en que se vendía la bebida. La celda de la Marquesa de Sierra Nevada, una casa, es obra del maestro del neoclásico Manuel Tolsá.

En este claustro vivió la más grande poetisa de la Nueva España: sor Juana Inés de la Cruz; entre sus deberes monjiles, llevaba, con notable eficacia, la contabilidad del convento.

Museo de la Charrería
José María Izazaga 79
Tiempo de recorrido: 15 minutos
Horario: Lunes a viernes de 9:30 a 14 y
de 15 a 18 horas

Aunque mutilado por el ensanche de la calle de Izazaga, el edificio conserva restos del convento y la iglesia de los benedictinos que fue consagrada en 1590 a la Virgen de Montserrat, imagen siempre cubierta con tres velos que sólo se le quitaban durante las fiestas mayores. Envuelto en reiterados pleitos, el convento fue habitado por no más de seis monjes hasta que fue suprimido en 1821. Hoy, en el Museo se exhiben sillas galonadas de plata, arreos de montar, trajes de china poblana e indumentaria de charro.

**Una iglesia benedictina alberga hoy al Museo de la Charrería.
A la derecha, notable relieve de san Miguel Arcángel, en la fachada del templo de su advocación.
Enfrente, las arquerías del Hospital de Jesús.**

Hospital de Jesús
20 de noviembre 82
Tiempo de recorrido: 15 minutos
Horario: De 9 a 20 horas. Antigua
sacristía, de lunes a sábado de 9 a 15
horas

El Hospital de Jesús es uno de los edificios más antiguos de México. Aunque existen dudas sobre la fecha de su fundación, la más probable es la más lejana: 1524. Su nombre varió al pasar del primero y oficial de Hospital de la Purísima Concepción, al de Jesús Nazareno, que le impuso el decir popular, por una imagen con fama de milagrosa que se trasladó a la iglesia en 1663. En cambio, después de tantos siglos sigue cumpliendo las mismas funciones para las que fue creado: hospital.

Todos los arquitectos importantes de la Nueva España participaron, en mayor o menor medida –desde diseño hasta reparaciones– en su construcción: Claudio de Arciniega, Diego de Aguilera, Andrés de Concha,

Alonso Pérez de Castañeda, Sebastián Zamorano, Pedro de Arrieta, Miguel Custodio Durán y Francisco Guerrero y Torres son los nombres que enumera el experto Eduardo Báez Macías, quien averiguó, además, el nombre del responsable del hermoso artesonado –"flores doradas sembradas en campo azul"– de la ex sacristía de la iglesia: Nicolás de Yllescas. Originalmente el patio del hospital tuvo sobrias columnas toscanas, pero a partir del siglo XIX, las de la planta baja fueron sustituidas por otras igualmente austeras. Se conserva asimismo la escalera de tres rampas, y en el piso alto, además de la viguería, pueden observarse las arquerías "que libres de muros se agrupan en una bella danza de arcos y columnas que al recibir el sol plasman en profundidad un espacio arquitectónico de luces y sombras único en nuestro arte colonial".

La figura de Hernán Cortés se haya vinculada a estos edificios. Fundador del hospital, ahí reposaron sus huesos y en él se conserva el retrato

que ha acabado por ser la imagen – que erróneamente se supuso pintada después de su muerte– con que se identifica al conquistador. Unas caritas –que se suman a los grutescos– en el friso del muro sur de los corredores altos del hospital, se consideran popular y falsamente como rostros de parientes de Cortés y un cupulín, en la torre de la iglesia, que ostenta en realidad al arcángel Miguel, se confunde con la efigie del conquistador.

Iglesia de Jesús Nazareno
República del Salvador y Pino Suárez
Tiempo de recorrido: 5 minutos
Horario: Lunes a sábado de 8 a 19;
domingo de 10 a 13 y de 17 a 19 horas

La iglesia está "desajuareada". Sin embargo, tiene en el coro y parte de la bóveda de la nave la obra de José

El apocalipsis, según la versión terrenal de José Clemente Orozco, en la iglesia de Jesús Nazareno.

Clemente Orozco inspirada en el Apocalipsis, pero dándole un sentido más terrenal y estrictamente contemporáneo –no hay que olvidar que el proyecto, inconcluso, fue ejecutado en 1942-1944– al relacionarla con el sinsentido y el dolor de la Segunda Guerra Mundial.

Casa de los condes de Calimaya (Museo de la Ciudad de México)
Pino Suárez 30
Tiempo de recorrido: 30 minutos
Horario: Martes a sábado de 9:30 a 19;
domingo de 9:30 a 16 horas

Situado en la que fuera en tiempos prehispánicos la calzada de Iztapalapa, fue una de las primeras casas construidas después de la Conquista, hecho que se denota con la bella cabeza de serpiente proveniente casi seguro del Templo Mayor, que sirve de piedra angular en una de sus esquinas. Reconstruido varias veces, el palacio que hoy es ocupado por el Museo de la Ciudad de México fue diseñado por el magnífico arquitec-

to Francisco Antonio Guerrero y Torres en 1781 para los rumbosos condes de Santiago, famosos durante la Colonia por su afición al bien vestir y al derroche.

De su fachada destaca la portada de un imaginativo barroco que descansa en cuatro pies de garra, como dice Toussaint, a la manera de un mueble Chippendale. Notable es el trabajo en madera de la puerta, al igual que las gárgolas en forma de cañón, que sólo podían emplearse con un permiso previo de la ciudad. En el interior, un espacioso patio se adorna con una fuente en la que una graciosa sirena de dos colas tañe la guitarra. Espléndidos arcos trilobulados enmarcan el arranque y el desembarque de la escalera monumental, cuyos motivos, así como los de la fachada se reiteran en menores proporciones en lo que fuera la portada de la capilla. Además de las salas dedicadas a historiar la ciudad de México, puede verse el estudio de Joaquín Clausell, quien viviera en esta casa durante el Porfiriato.

221

Una graciosa sirena en la fuente del patio encanta
con su guitarra muda a los visitantes del Palacio de
los condes de Santiago de Calimaya.

Enfrente: la magnífica portada de la capilla, en el
piso superior del palacio.

Páginas anteriores: la imponente entrada al Museo
de la Ciudad de México. Abajo: la cabeza de
serpiente, una bella escultura azteca usada a guisa
de piedra angular para este palacio y quizá
proveniente del Templo Mayor

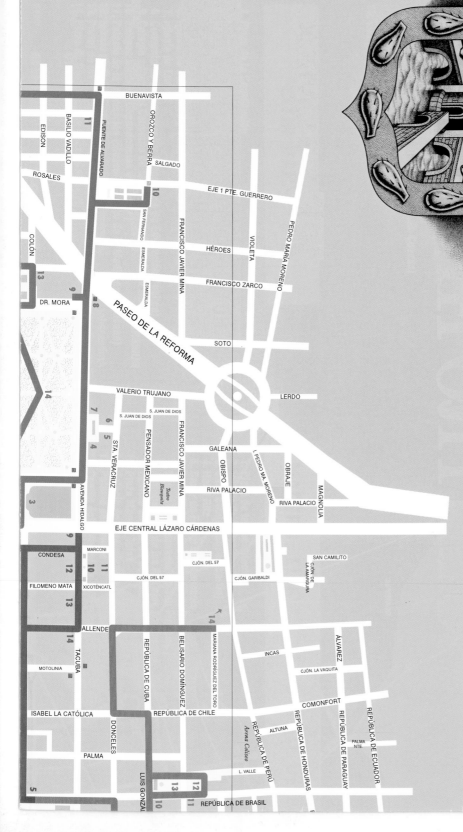